**Vivre, c'est avant tout
agir, agir sans compter
pour le plaisir d'agir.**

Emile Durkheim

삶은 무엇보다 행동하는 것이며,
행동하는 것은 즐거움을 생각하지 않고
행동하는 것이다.

에밀 뒤르켐

단단한 언어 성장의 힘, 언어평등 프랑스어 초중급

이 책은 프랑스어 기초를 공부한 학습자를 위한 책입니다.
처음 시작하는 언어 공부의 마음가짐에 있어 시작은 반이나
되지만, 언어 실력은 단지 시작에 불과합니다. 고작 새로운
세계의 문을 열고 한 걸음 정도 들어간 셈입니다. 거기서
멈추지 말고 변화된 당신의 삶을 위해 계속 나아가세요.
부디 이 책을 끝까지 읽고, 쓰고, 듣고, 말하고 따라하고
연습하고 또다시 그 일을 반복하세요.
처음 그 마음가짐으로 결코 포기하지 마세요.
단언컨대, 하나의 언어를 나의 언어로 만드는 과정은
쉽지 않습니다.
그러나 당신이 진정으로 계속 나아간다면, '단단히 쌓인
언어성장'의 여정 끝 즈음 온전한 언어의 삶 속에서
살아가고 있을 겁니다.

모든 언어는 평등하다

지구상의 모든 언어는
인류 공동체 문명 발전의 발자취입니다.
힘이 센 나라의 언어라 해서 더 좋거나 더 중요한 언어가 아닌 것처럼,
많은 사람들이 쓰지 않는 언어라 해서 덜 좋거나 덜 중요한 언어는 아닙니다.

문화 다양성에 따른 언어 다양성은 인류가 서로 견제하고
긍정적인 자극을 주고받으며 소통, 발전할 수 있는 계기가 됩니다.
그러나 안타깝게도 현재 일부 언어가 '국제어'라는 이름 아래
전 세계 사람들에게 강요되고 있습니다.

언어평등의 꿈은 전 세계 모든 언어를 학습할 수 있는 어학 콘텐츠를
개발하는 것입니다. 어떠한 언어에도 우위를 주지 않고, 다양한 언어의 고유
가치를 지켜나가겠습니다. 누구나 배우고 싶은 언어를 자유롭게 선택해서
배울 수 있도록 더욱 정진하겠습니다.

언어평등은 문예림의 아날로그와 디지털을 아우르는
어학 콘텐츠 브랜드입니다.
59년째 언어 생각뿐.

언어평등이
만드는 책

편집, 디자인 원칙
분명하고 명확하게 잘 정리된 구성과 적정한 수준, 내용의 정확성을
최우선으로 공부 흐름에 맞도록 편집하며, 최적의 언어 공부를 위하여
판독성과 가독성이 좋은 타이포그라피, 단순함과 절제가 최고의
디자인이며, 불필요한 삽화와 사진, 의미 없는 컬러 사용, 이유 없는
배치 등을 하지 않는다.

제작 원칙
종이는 뒷비침이 없어 문자를 읽고 쓰기 좋으며, 코팅을 하지 않아 눈부심이
없어 보기 편하도록 한다. 또한, 따뜻한 느낌이 있어 손으로 짚기 좋고,
어디서든 볼 수 있도록 최대한 가벼운 책, 더 나은 대안으로 재생종이를
사용한다.

우리는 인간의 언어 공부를 위한 지식을 편집하고 배포하는 책의 본질에
집중한다. 책을 통해 누구나 자유롭게 언어를 선택하고 서로 소통하는 데
우리의 결과물이 널리 사용되도록 노력하며, 외관상 으리으리하고 화려한
책이 아니라 정말 잘 만든 평범한 책이 우리가 만드는 책이다.

동영상 강의
시청하기

언어평등(www.EQlangs.com)에서 구매하면
해당 도서의 강의를 보실 수 있습니다.
저자가 알려주는 언어 이야기도 보실 수 있습니다.

MP3 다운로드 방법

1단계
언어평등(www.EQlangs.com) 사이트
고객센터 – 자료실 – MP3 들어오기

2단계
제목_____에 찾고자 하는
도서명을 입력 후 검색하세요.

www.EQlangs.com

단단한
언어 성장
프랑스어↗
초중급

단단한 언어 성장 프랑스어 초중급

Apprendre et améliorer le niveau de Français

Niveau intermédiaire (A2-B1)

배진희
지음

언어평등

단단한 언어 성장 프랑스어 초중급

초판 3쇄 인쇄 2023년 1월 20일
초판 3쇄 발행 2023년 1월 30일

지은이 배진희
펴낸이 서덕일
펴낸곳 언어평등

기획 서민우   **편집진행 및 교정** 조소영   **본문디자인** 문인주
표지 및 부속 디자인 박정호   **오디오 녹음** 이니스닷컴   **동영상 촬영** 이큐스튜디오
출력 및 인쇄 천일문화사   **제본** 대흥제책

출판등록 2018.6.5 (제2018-63호)
주소 경기도 파주시 회동길 366 3층 (10881)
전화 (02) 499-1281~2   **팩스** (02) 499-1283
전자우편 eqlangs@moonyelim.com
홈페이지 www.EQlangs.com

ISBN 979-11-970617-1-4(13760)
값 17,000원

세계 언어와 문화, **문예림**
언어평등 〈모든 언어는 평등하다〉 디지털과 아날로그 아우르는 어학 콘텐츠
오르비타 〈위대한 작은 첫걸음〉 성인 어학 입문, 파닉스(영유아, 어린이 어학교재)
심포지아 〈세상에 대한 담론과 향연〉 나라와 도시 여행, 역사, 문화 등
파쿨라 〈지성을 밝히는 횃불〉 어문학, 언어학 학술도서

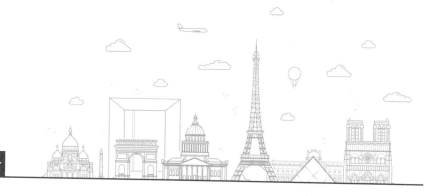

이 교재는 전편 〈언어평등 프랑스어 첫걸음〉에 이어서 초급부터 중급 단계의 문법과 회화 표현을 소개하고 있습니다. 두 개의 듣기 내용, 중요 문법 설명, 문법 연습문제와 듣기, 쓰기, 말하기의 연습 내용으로 구성하였습니다. 첫 번째 본문은 실용 대화문, 두 번째 본문은 파리 지역과 명소, 프랑스인들의 여가활동, 교육 시스템과 방학, 프랑스 축제와 식사 문화, 작가 빅토르 위고 등 프랑스 문화를 소개하는 지문을 담았습니다. 이를 통해 지루한 문법의 반복보다는 프랑스 문화와 언어를 동시에 학습할 수 있도록 집필하는 데 중점을 두었습니다.

복잡한 프랑스어 동사 변화를 어떻게 공부해야 할까요?

제가 강의에서 가장 많이 받는 질문 중 하나는 '동사 변화를 어떻게 공부해야 하느냐'는 것입니다. 학습자들이 프랑스어 시제 변화를 익히는 데 가장 어려움을 겪고 있는 만큼 프랑스어의 동사 변화는 단순하지 않습니다. 하지만, 저는 항상 '반복 연습'과 '예문 연습'을 강조합니다. 이 교재는 시제에 따른 동사의 규칙과 불규칙 변화에 대해 여러 차례 다루고 있습니다. 동사 변화를 암기하는 것에 끝나지 않고 예문을 반복해서 읽고 작문하는 습관을 기르는 것은 매우 중요하고 효율적인 공부 방법입니다.

이 교재의 수준은 어느 정도 인가요?

이 교재는 프랑스어 공인인증시험인 DELF를 기준으로 A2-B1 수준에 해당합니다. 형용사, 부사, 현재, 반과거, 복합 과거, 근접 미래, 단순 미래, 대명사, 명령법, 관계사, 조건법, 수동태 등의 문법을 설명하고 있습니다. 또한, 사물과 사람 묘사하기, 물건 구매하기, 일과 서술하기, 과거의 경험 서술하기, 미래의 계획 서술하기, 견해 표현하기, 타인에게 일상에 관하여 질문하기, 정중하게 말하기 등 회화의 표현을 포함하고 있습니다.

이제 막 기초 수준의 교재를 마친 학습자들이 복잡한 문법을 한번에 접하며 프랑스어에 대한 흥미를 빠르게 잃는 것에 아쉬움이 있었습니다. 저 또한, 아주 오래전에 프랑스어 공부를 시작할 때 같은 이유로 어려움을 겪었습니다. 프랑스어로 된 노래 가사, 광고, 소설, 신문 기사 등을 필사한 후에 반복적으로 읽고 한국어로 번역하여 다시 프랑스어로 옮기는 연습을 통해 지속적으로 흥미를 가지며 공부할 수 있었습니다. 독자 여러분들이 이러한 방식을 통해 프랑스어에 대한 흥미를 잃지 않고 공부할 수 있는 것에 목적을 두고 이 교재를 집필하였습니다. 여러분의 성공적인 프랑스어 공부에 큰 도움이 될 수 있기를 기원합니다.

저자 **배진희**

목차

Contenu

연습문제	듣기	쓰기	말하기
동사의 현재 변화, 장소 전치사	동사의 현재 변화	타동사, 대명 동사	동사의 현재 변화
형용사의 성수 일치	형용사	형용사	형용사
부사	부사	부사	부사
비교급	비교급	의문형용사, 최상급	비교급, 최상급
3군 불규칙 동사	의문사	의문사	의문사
3군 불규칙 동사	3군 불규칙 동사, 의문사	의문사 combien	combien을 활용한 의문문
3군 불규칙 동사	수락과 거절의 표현	3군 불규칙 동사	3군 불규칙 동사
지시형용사, 소유형용사	지시형용사, 소유형용사	지시형용사, 소유형용사	지시형용사, 소유형용사
긍정 명령문, 부정 명령문	긍정 명령문, 부정 명령문	긍정 명령문, 부정 명령문	긍정 명령문, 부정 명령문
직접목적어 대명사, 간접목적어 대명사	직접목적어 대명사, 간접목적어 대명사	대명사의 긍정 명령문, 대명사의 부정문	직접목적어 대명사, 간접목적어 대명사
근접 미래, 단순 미래	근접 미래, 단순 미래	근접 미래, 단순 미래	단순 미래
복합 과거, 복합 과거 부정문	복합 과거	복합 과거	복합 과거
반과거	반과거	반과거	반과거
전치사	전치사	전치사	전치사
관사	관사	관사	관사
대명사 y, en	대명사 y, en	대명사의 부정문	대명사 y, en의 긍정문과 부정문
부정문	부정문	부정문	부정문
관계사	관계사	관계사	관계사
조건법 현재	조건법 현재	조건법 현재	조건법, 가정법
능동태와 수동태	수동태	수동태 현재, 수동태 과거	수동태 현재, 수동태 과거

언어를 배운다는 것은 또 다른 세계의 문을 여는 것이다.

Conversation
대화 인류는 소통하였기에 생존하였다.

각 강의 주제에 맞는 표현을 제시하고 학습자가 반드시 알아야 할 표현을 소개합니다.
우선 원어민 발음으로 들어 보세요!

Vocabulaire
어휘 대화는 결국 어휘력 싸움이다.

기본 대화에서 나오는 어휘에 대한 설명이 있는 곳입니다. 어휘의 정확한 뜻을 알아봅니다.

Grammaire
문법 언어는 본능이 아니다.

해당 강의에서 중심이 되는 문법을 체계적으로 정리하였습니다.
문법의 치밀함 없이 언어 실력의 향상은 없습니다.

Lecture
읽기 언어는 질서 속에 짜여진 무늬이다.

주제에 맞는 다양한 정보를 읽고 내용을 파악하여 문장 구성, 독해, 글의 흐름을 공부합니다.

Exercices
연습 반복이 언어 성장의 힘이다.

프랑스어 문장 구성과 문법을 확인하고 전체 문장을 반복적으로 말하는 훈련을 합니다.

Écoute
듣기 경청은 지혜의 특권이다.

말하기보다 듣기가 먼저입니다.
문장을 듣고 중요 어휘와 어구를 바로 쓰는 연습을 하며 전체 문장을 반복하여 말합니다.

Écriture
쓰기 쓰기는 의식을 재구조화한다.

우리말로 제시된 문장을 프랑스어로 쓰고 말하는 연습을 합니다.
쓰는 훈련을 통해 프랑스어에 맞는 언어 인식에 익숙해지도록 연습하는 것입니다.

Expression orale
말하기 말할 권리를 절대 옹호한다.

여섯 파트에서 연습했던 표현들을 파악하고, 알맞은 대답을 할 수 있는지 확인합니다.

결국 우리의 최종적인 목표는 자신의 삶 속에 프랑스어가 스며들고 체득되어 나의 언어로 말하고 듣는 것입니다. 새로운 책을 늘려가는 것보다 하나의 책을 완전히 반복해서 말하고 듣고 연습하는 것이 훨씬 효과적인 언어 학습법이라는 것을 잊지 마세요!

단단한
언어 성장
프랑스어
초중급 ↗

Leçon 01

Normalement, que faites-vous le week-end?

보통 주말에 뭐 해요?

핵심
문법
표현

1 Normalement, que faites-vous le week-end?
보통 주말에 뭐 해요?

2 Je fais la grasse matinée.
저는 늦잠을 자요.

3 Je vais au cinéma.
저는 영화관에 가요.

4 Je me repose à la maison.
저는 집에서 쉬어요.

Conversation

인류는 소통하였기에 생존하였다.

🎧 1-1

Normalement, que faites-vous le week-end?

Emma Le week-end, je fais la grasse matinée. Je me lève à 10 heures ou 10 heures et demie. Je me lave et je m'habille. Ensuite, je me promène au parc. L'après-midi, je fais mes devoirs et je regarde la télévision.

Thomas Le week-end, je fais beaucoup de choses. Le samedi matin, je fais le ménage. Ensuite, je vois ma petite copine. On déjeune ensemble et on va au cinéma. Quand il fait beau, on va au parc. Dans le parc, on fait du vélo. Et le dimanche, je me repose à la maison.

Ludovic Moi, je travaille dans un restaurant le samedi et le dimanche. Après mon travail, je rentre chez moi. Quand je ne suis pas fatigué, je vois des amis ou je fais du tennis.

보통 주말에 뭐 해요?

엠마 저는 주말에 늦잠을 자요. 10시나 10시 반에 일어나요. 씻고 옷을 입어요. 그러고 나서 공원에서 산책을 해요. 오후에는 과제를 하고 텔레비전을 봐요.

토마 저는 주말에 많은 것을 해요. 토요일 오전에는 청소를 해요. 그러고 나서 여자친구를 만나요. 같이 점심을 먹고 영화관에 가요. 날씨가 좋을 때는 공원에 가요. 공원에서 저희는 자전거를 타요. 일요일에는 집에서 쉬어요.

뤼도빅 전 토요일과 일요일에 식당에서 일해요. 일을 마치고 나면 집으로 가요. 피곤하지 않을 때는 친구들을 만나거나 테니스를 쳐요.

VOCABULAIRE

normalement
보통, 평소에

faire la grasse matinée 늦잠을 자다

se lever 일어나다

se laver 씻다

s'habiller 옷을 입다

ensuite 그러고 나서

se promener 산책하다

faire ses devoirs
과제를 하다

regarder 보다

chose 것, 어떤 것

faire le ménage
청소하다

voir 보다, 만나다

petite copine 여자친구
(= petite amie)

déjeuner 점심을 먹다

ensemble 함께

quand
(의문사) 언제, (접속사) ~때

faire du vélo
자전거를 타다

se reposer
휴식을 취하다, 쉬다

rentrer 돌아가다

faire du tennis
테니스를 치다

현재 시제
(Le présent)

1 동사의 형태

프랑스어의 동사는 세 가지 형태로 구분된다.

1) **1군 규칙 동사** : 동사의 어미가 er 로 끝나는 동사 (parler, aimer, se laver, …)

2) **2군 규칙 동사** : 동사의 어미가 ir 로 끝나는 동사 (finir, choisir, réussir, …)

3) **3군 불규칙 동사** : 동사의 어미가 re, oir 등으로 끝나는 동사 (être, faire, avoir, vouloir, …)

2 현재 시제의 용법

1) 현재에 일어나는 일이나 행동을 표현한다.

Où vas-tu?	너 어디에 가?
Qu'est-ce que tu fais ici?	너 여기서 뭐 해?

2) 현재의 상태를 표현한다.

Je suis en vacances à Paris.	저는 파리에서 휴가 중이에요.
Je suis fatigué.	저는 피곤해요.

3) 습관적이거나 일상적인 행동을 표현한다.

Tous les matins, je me lève à 7 heures.	저는 매일 아침 7시에 일어나요.
Tous les week-ends, je vais au cinéma.	저는 매 주말마다 영화관에 가요.

4) 가까운 미래를 표현한다.

Je vais à Paris demain.	저는 내일 파리에 가요.
Le film commence dans dix minutes.	영화가 10분 후에 시작해요.

규칙/불규칙 동사
(Les verbes réguliers et irréguliers)

1 규칙/불규칙 동사의 현재 변화

동사 인칭대명사	1군 동사 travailler 일하다	2군 동사 finir 끝내다	3군 동사 faire 하다, 만들다	3군 동사 aller 가다	3군 동사 voir 보다, 만나다
je	travaille	finis	fais	vais	vois
tu	travailles	finis	fais	vas	vois
il, elle, on	travaille	finit	fait	va	voit
nous	travaillons	finissons	faisons	allons	voyons
vous	travaillez	finissez	faites	allez	voyez
ils, elles	travaillent	finissent	font	vont	voient

1) 1군 동사의 현재 변화 어미: ~e, ~es, ~e, ~ons, ~ez, ~ent
2) 2군 동사의 현재 변화 어미: ~is, ~is, ~it, ~issons, ~issez, ~issent
3) 3군 동사의 현재 변화 어미: 불규칙

ATTENTION!

인칭대명사 on 은 nous 와 같은 뜻으로 구어체에서 매우 자주 사용한다. 하지만, 동사의 변화는 3인칭 단수(il, elle)와 같다.

EXEMPLES

Nous sommes à Paris. → On est à Paris.   우리는 파리에 있다.

Nous allons au cinéma. → On va au cinéma.   우리는 영화관에 간다.

Nous nous promenons. → On se promène.   우리는 산책한다.

2 faire 동사

- faire du + 남성형 운동 명사
- faire de la + 여성형 운동 명사
- faire de l' + 모음/무음h 로 시작하는 운동 명사

EXEMPLES

Je fais du sport.	운동을 하다.
Je fais du tennis.	테니스를 치다.
Je fais de la natation.	수영을 하다.
Je fais de l'équitation.	승마를 하다.

3 aller 동사

- aller au + 남성형 장소 명사
- aller à la + 여성형 장소 명사
- aller à l' + 모음/무음h 로 시작하는 장소 명사
- aller aux + 복수형 장소 명사

EXEMPLES

Je vais au cinéma.	영화관에 가다.
Je vais au travail.	회사에 가다.
Je vais à la piscine.	수영장에 가다.
Je vais à l'hôpital.	병원에 가다.
Je vais à l'école	학교에 가다.
Je vais aux toilettes.	화장실에 가다.

ATTENTION!

여성형 국가 명사 앞에는 en 을 사용한다.

Je vais à la France. (x)	→	Je vais en France. (o)	나는 프랑스에 간다.
J'habite à la Corée. (x)	→	J'habite en Corée. (o)	나는 한국에 거주한다.

Grammaire

언어는 본능이 아니다.

문법

대명 동사
(Les verbes pronominaux)

대명 동사란 동사 앞에 me, te, se, nous, vous, se 형태의 대명사가 붙어 사용되는 동사를 말한다. '자기 자신을 ～하다'라는 재귀적 의미와 '서로 ～하다'라는 상호적 의미로 사용한다.

1 대명 동사의 현재 변화

se lever 일어나다	se laver 씻다	se reposer 쉬다, 휴식을 취하다	se coucher 눕다, 자다
je me lève	je me lave	je me repose	je me couche
tu te lèves	tu te laves	tu te reposes	tu te couches
il, elle, on se lève	il, elle, on se lave	il, elle, on se repose	il, elle, on se couche
nous nous levons	nous nous lavons	nous nous reposons	nous nous couchons
vous vous levez	vous vous lavez	vous vous reposez	vous vous couchez
ils, elles se lèvent	ils, elles se lavent	ils, elles se reposent	ils, elles se couchent

se promener 산책하다	s'amuser 놀다, 즐기다	se dépêcher 서두르다	se préparer 준비하다
je me promène	je m'amuse	je me dépêche	je me prépare
tu te promènes	tu t'amuses	tu te dépêches	tu te prépares
il, elle, on se promène	il, elle, on s'amuse	il, elle, on se dépêche	il, elle, on se prépare
nous nous promenons	nous nous amusons	nous nous dépêchons	nous nous préparons
vous vous promenez	vous vous amusez	vous vous dépêchez	vous vous préparez
ils, elles se promènent	ils, elles s'amusent	ils, elles se dépêchent	ils, elles se préparent

ATTENTION!

se lever, se promener 동사의 je, tu, il, elle, on, ils, elles 인칭의 동사 변화에서는 발음상의 이유로 accent grave (è)가 들어간다. (je me lève, je me promène, …)

2 대명 동사의 용법

1) 재귀적 의미 : 자기 자신을 ～하다

> • **promener** + 직접목적어 : ～를 산책시키다
> • **se promener** : 산책하다

Je promène mon chien.   저는 강아지를 산책시켜요.
Je me promène.   저는 산책해요.

> • **préparer** + 직접목적어 : ～를 준비하다
> • **se préparer** : 채비하다, 준비하다

Je prépare mon repas.   저는 식사를 준비해요.
Je me prépare pour aller au travail.   저는 출근할 준비를 해요.

> • **regarder** + 직접목적어 : ～를 보다
> • **se regarder** : 자기 모습을 보다

Je regarde la télé.   저는 텔레비전을 봐요.
Je me regarde dans le miroir.   거울 속의 제 모습을 봐요.

2) 상호적 의미 : 서로 ～하다

> • **voir** + 직접목적어 : ～를 만나다
> • **se voir** : 서로 만나다

Je vois mes amis.   저는 친구들을 만나요.
Mes amis et moi, on se voit.   친구들과 저는 서로 만나요.

> • **téléphoner à** + 간접목적어 : ～에게 전화하다
> • **se téléphoner** : 서로 전화하다

Je téléphone à mon petit copain.   저는 남자친구에게 전화해요.
Mon petit copain et moi, on se téléphone.   남자친구와 저는 서로 전화해요.

Lecture

언어는 질서 속에 짜여진 무늬이다.

🎧 1-2

Que font les Français lorsqu'ils ont du temps libre?

Que font les Français lorsqu'ils ont du temps libre? Les réponses varient selon les régions, l'âge, le sexe, la situation familiale, les revenus, le goût de chacun.

Les Français travaillent 35 heures par semaine, ils ont 5 semaines de congés payés par an et 11 jours fériés.

À la question : "Qu'est-ce qu'on fait ce soir?" la réponse est souvent : "On va voir un film?" Le cinéma est le passe-temps favori des Français. Les Français vont également au concert, au théâtre, au ballet et à l'opéra, visiter des musées, des expositions, des sites historiques. Il y a 1 200 musées en France et plus de 1 500 monuments partout en France. Pour les vacances d'été, ils vont à la mer et pour les vacances d'hiver, ils vont à la montagne pour skier.

프랑스 사람들은 여가시간이 있을 때 무엇을 할까?

프랑스 사람들은 여가시간이 있을 때 무엇을 할까? 대답은 지역, 나이, 성별, 가족사항, 소득, 각자의 취향에 따라 다양하다.

프랑스인들은 주 35시간 근무를 하고, 1년에 5주의 유급휴가와 11일의 공휴일이 있다.

"우리 오늘 저녁에 뭐 할까?"라는 질문에 "영화 보러 갈까?"라는 대답을 자주 한다. 영화는 프랑스인들이 선호하는 취미이다. 또한 프랑스인들은 콘서트, 연극 공연장, 발레와 오페라에 가거나, 박물관, 전시회, 유적지 관람을 하러 다니기도 한다. 프랑스에는 1,200개의 박물관과 1,500개 이상의 유적지들이 도처에 있다. 여름 휴가에는 바다로, 겨울 휴가에는 스키를 타러 산으로 간다.

VOCABULAIRE

temps libre 자유시간, 여가시간

lorsque (= quand) ~할 때

varier 다양하다

selon ~에 따라서

région 지역

sexe 성별

situation familiale 가족사항

revenus 소득

goût 취향

chacun 각자, 저마다

congé payé 유급휴가

jour férié 공휴일

passe-temps 취미

favori 선호하는

également 마찬가지로

exposition 전시회

site 장소

historique 역사의

monument 기념물

mer 바다

montagne 산

skier 스키를 타다

1   aller, faire, voir 동사의 현재 변화를 사용하여 빈칸을 채워 보세요.

   ① Le week-end, je _____ la grasse matinée.

   ② Je _____ souvent au concert ou au théâtre le week-end.

   ③ Elle _____ du tennis tous les jours.

   ④ Qu'est-ce que vous _____ le week-end, normalement?

   ⑤ Je _____ souvent des amis.

2   전치사 à, à la, à l', au, aux 를 사용하여 빈칸을 채워 보세요.

   ① Ils vont souvent _____ musée.

   ② Le train arrive _____ gare du Nord.

   ③ Mon frère habite _____ Canada depuis un an.

   ④ Les enfants vont _____ école tous les jours.

   ⑤ Je vais _____ toilettes.

Écoute

녹음을 듣고 빈칸을 채워 보세요.

Le matin je _____ (se lever) à 6 heures. Je _____ (se préparer)

pour aller au travail. Je _____ (quitter) la maison à 7 heures et je prends le

métro. J'_____ (arriver) à 8 heures au travail et je _____ (commencer)

à travailler. À midi, je déjeune dans un restaurant avec des collègues. L'après-midi,

je _____ (être) faitigué et j'_____ (avoir) sommeil. Je _____

(terminer) à 18 heures et je rentre à la maison. Je _____ (dîner) à 19 heures

avec ma famille. Le soir, je _____ (regarder) la télé et je _____

(se coucher) à 11 heures du soir.

다음 문장을 타동사와 대명 동사를 사용하여 프랑스어로 써 보세요.

① 타동사 : 저는 아침에 제 아이를 깨워요.

_____

재귀적 용법 : 저는 아침 7시에 잠을 깨요.

_____

② 타동사 : 저는 제 강아지를 산책시켜요.

_____

재귀적 용법 : 저는 공원에서 산책해요.

_____

③ 타동사 : 저는 식사를 준비해요.

_____

재귀적 용법 : 저는 출근할 준비를 해요.

_____

④ 타동사 : 저는 주말에 친구들을 만나요.

_____

상호적 용법 : 우리는 주말에 서로 만나요.

_____

⑤ 타동사 : 저는 남자친구에게 전화해요.

_____

상호적 용법 : 우리는 서로 전화해요.

_____

Expression orale

다음 문장을 한국어로 번역하고, 동사의 현재 변화를 사용하여 대답을 쓰고 말해 보세요.

❶ À quelle heure vous levez-vous le matin?

번역 _____

대답 _____

❷ À quelle heure vous couchez-vous le soir?

번역 _____

대답 _____

❸ Normalement, faites-vous la grasse matinée le week-end?

번역 _____

대답 _____

❹ Faites-vous du sport tous les jours?

번역 _____

대답 _____

❺ Normalement, que faites-vous le week-end?

번역 _____

대답 _____

Leçon 02

Que pensez-vous de Paris?

파리에 대해 어떻게 생각하세요?

Conversation

대화

🎧 2-1

Que pensez-vous de Paris?

Julie   Je viens de Nice. J'habite à Paris depuis six ans. Je pense que Paris est une ville dynamique. Il y a beaucoup de restaurants, de bars, de cafés, de parcs et de musées.

Jun   Je viens de Séoul. Je suis à Paris pour le voyage. Je pense que Paris est une ville très magnifique. Il y a la Tour Eiffel, l'Arc de triomphe, le musée du Louvre, la Seine. J'aime surtout Montmartre.

Céline   J'habite dans le 10ᵉ arrondissement de Paris. J'habite ici pour le travail. Je pense que Paris est une belle ville. Mais les Parisiens sont pressés et désagréables.

Maxime   J'habite dans une banlieue parisienne. C'est proche de Paris. Je pense que le loyer à Paris est trop cher.

파리에 대해 어떻게 생각하세요?

쥴리   저는 니스 출신입니다. 10년 전부터 파리에 살고 있어요. 저는 파리가 역동적인 도시라고 생각해요. 식당, 술집, 카페, 공원, 박물관이 많아요.

준   저는 서울 출신입니다. 여행으로 파리에 와 있어요. 파리는 아주 멋진 도시라고 생각해요. 에 펠탑, 개선문, 루브르 박물관, 센강이 있죠. 저는 특히 몽마르뜨를 좋아합니다.

셀린느   저는 파리 10구에 살고 있습니다. 일 때문에 여기에 살고 있어요. 파리는 아름다운 도시라고 생각해요. 하지만 파리 사람들은 바쁘고 불친절해요.

막심   저는 파리 근교에 살고 있습니다. 파리에서 가까워요. 저는 파리 집세가 너무 비싸다고 생각해요.

VOCABULAIRE

venir de ~로부터 오다, ~출신이다

habiter 살다, 거주하다

depuis ~이래로, ~이후

penser 생각하다

ville 도시

dynamique 역동적인, 활동적인

il y a ~가 있다

parc 공원

musée 박물관

pour ~를 위해

voyage 여행

magnifique 멋진, 매우 아름다운

surtout 특히

10ᵉ (서수) 10번째

arrondissement (행정 구역의) 구

pressé 바쁜

désagréable 불친절한

dans ~안에, ~내에

banlieue 근교, 외곽

proche 근접한

loyer 집세, 임대료

cher 가격이 비싼

25

형용사
(Les adjectifs)

형용사란 명사의 모양, 색깔, 성질, 성격 등을 설명하거나 꾸며주는 품사를 말한다.

1 형용사의 용법과 위치

1) **주어 + 동사 + 형용사** : 명사 주어를 수식하며, 주어에 따라 성수 일치한다.

Le loyer à Paris est cher.　　　　　　파리에서 집세는 비싸요.
La ville est belle.　　　　　　　　　　도시가 아름다워요.
Les Parisiens sont pressés.　　　　　　파리 사람들은 바빠요.

2) **명사 + 형용사** : 명사 뒤에서 수식하며, 명사에 따라 성수 일치한다.

Paris est une ville dynamique.　　　　　파리는 역동적인 도시예요.
J'habite dans une banlieue parisienne.　저는 파리 근교에 살고 있어요.

3) **형용사 + 명사** : 몇몇 형용사들은 명사 앞에서 수식하며, 명사에 따라 성수 일치한다.

Paris est une belle ville.　　　　　　　파리는 아름다운 도시예요.
Paris est une grande ville.　　　　　　파리는 대도시예요.

*__성수 일치__: 명사의 성(性)과 수(數)에 따라 형용사를 남성형, 여성형, 남성 복수형, 여성 복수형으로 바꾸는 형태를 말한다.

Grammaire

언어는 본능이 아니다.

문법

2 예외 형용사

1) 몇몇 형용사는 명사 앞에 위치한다.

남성형	여성형	뜻
bon	bonne	좋은
mauvais	mauvaise	나쁜
grand	grande	큰, 위대한
petit	petite	작은, 어린
gros	grosse	뚱뚱한, 두꺼운
beau	belle	멋진, 아름다운
nouveau	nouvelle	새로운
vieux	vieille	오래된, 늙은
jeune	jeune	젊은
même	même	같은
autre	autre	다른
premier	première	첫 번째

EXEMPLES

C'est une bonne idée.	좋은 생각이에요.
C'est mon premier voyage à Paris.	이번이 저의 첫 파리 여행이에요.
Le Marais est un vieux quartier.	마레는 오래된 동네예요.

2) 몇몇 형용사는 위치에 따라 의미가 달라진다.

EXEMPLES

┌ Un ancien musée	이전 박물관
└ Un musée ancien = Un vieux musée	오래된 박물관
┌ Un cher ami	소중한 친구
└ Un livre cher	비싼 책
┌ Le dernier mois	마지막 달
└ Le mois dernier	지난달

27

3) 서수 형용사는 다른 형용사 앞에 위치한다.

EXEMPLES

La première grande ville.   첫 번째 대도시
La deuxième grande ville.   두 번째 대도시

3 형용사의 남성형/여성형 규칙

1) 보통, 남성형 형용사에 e 를 붙여 여성형을 만든다.

남성형	여성형	뜻
petit	petite	작은, 어린
pressé	pressée	바쁜, 급한

2) e 로 끝난 형용사는 남성형과 여성형이 같다.

남성형	여성형	뜻
dynamique	dynamique	역동적인
magnifique	magnifique	멋진, 매우 아름다운

3) en 로 끝난 형용사는 enne 로 여성형을 만든다.

남성형	여성형	뜻
coréen	coréenne	한국의
ancien	ancienne	오래된, 옛날의

4) on 로 끝난 형용사는 onne 로 여성형을 만든다.

남성형	여성형	뜻
bon	bonne	좋은
mignon	mignonne	귀여운

5) el 로 끝난 형용사는 elle 로 여성형을 만든다.

남성형	여성형	뜻
traditionnel	traditionnelle	전통의
culturel	culturelle	문화의

6) eux 로 끝난 형용사는 euse 로 여성형을 만든다.

남성형	여성형	뜻
délicieux	délicieuse	맛있는
heureux	heureuse	행복한

7) er 로 끝난 형용사는 ère 로 여성형을 만든다.

남성형	여성형	뜻
cher	chère	비싼, 소중한
premier	première	첫 번째

8) 다른 예외적인 형태도 있다.

남성형	여성형	뜻
beau	belle	멋진, 아름다운
nouveau	nouvelle	새로운
gentil	gentille	친절한
gros	grosse	뚱뚱한, 두꺼운
vieux	vieille	오래된, 늙은

4 형용사의 단수형/복수형 규칙

1) 단수형에 s 를 붙여 복수형을 만든다.

단수형	복수형	뜻
petit	petits	작은, 어린
pressé	pressés	급한, 바쁜

2) s, x 로 끝난 형용사는 단수형과 복수형이 같다.

단수형	복수형	뜻
mauvais	mauvais	나쁜
délicieux	délicieux	맛있는

3) eau 로 끝난 형용사는 x 를 붙여 복수형을 만든다.

단수형	복수형	뜻
beau	beaux	멋진, 아름다운
nouveau	nouveaux	새로운

Grammaire

견해 말하기
(Donner son avis)

- Que pensez-vous de + 명사?
  = Qu'est-ce que vous pensez de + 명사?   ~에 대해 어떻게 생각하세요?

- Je pense que ~.   저는 ~라고 생각합니다.
- Je crois que ~.   저는 ~라고 생각합니다.
- À mon avis ~.   제 생각에는 ~.
- Selon moi ~.   제 생각에는 ~.

EXEMPLES

Que pensez-vous de Paris?   파리에 대해 어떻게 생각하세요?

Je pense que Paris est une ville romantique.   저는 파리가 로맨틱한 도시라고 생각해요.
= Je crois que Paris est une ville romantique.
= À mon avis, Paris est une ville romantique.
= Selon moi, Paris est une ville romantique.

31

🎧 2-2

Le Marais

Le Marais est un quartier historique, populaire et artistique de Paris. C'est aussi un vieux quartier de la capitale. Il est situé entre les 3e et 4e arrondissement de Paris. Il y a beaucoup d'endroits à manger, à boire et à visiter : les restaurants, les bars, les cafés, les boutiques chics, les hôtels particuliers, les petites galeries d'art, le musée Picasso, le musée Carnavalet, la maison de Victor Hugo, la place des Vosges. Il y a plusieurs lignes de transport pour aller au Marais. Vous prenez les lignes 1, 4 ,11 du métro de Paris et vous descendez à la station Saint-Paul.

마레 지구

마레는 파리의 역사적, 대중적, 예술적인 지역이다. 수도의 오래된 도시이기도 하다. 이 지역은 파리의 3구와 4구 사이에 위치해 있다. 먹을 곳, 마실 곳 그리고 가볼 곳이 많다 : 식당, 술집, 카페, 멋진 상점, 특별한 호텔, 작은 규모의 예술 갤러리, 피카소 박물관, 카르나발레 박물관, 빅토르 위고의 생가, 보주 광장이 있다. 마레 지구로 가는 여러 개의 교통 노선이 있다. 파리의 지하철 1호선, 4호선, 11호선을 타고 생폴 역에서 하차한다.

VOCABULAIRE

quartier 지역, 동네

historique 역사의

populaire 대중의

artistique 예술의

aussi 마찬가지로, 역시

vieux 오래된

capitale 수도

situé 위치한

entre ~사이에

arrondissement (행정 구역의) 구

endroit 장소

boire 마시다

visiter 구경하다, 방문하다

boutique 상점

chic 멋진, 세련된

particulier 특별한

maison 집

place 광장, 자리

plusieurs 몇몇의, 여러

ligne 노선

transport 교통

prendre 타다

métro 지하철

descendre 내리다

> **참고**
>
> arrondissement 은 프랑스 대도시의 행정 구역을 나누는 단위로, 파리에는 1구~20구까지 스무 개의 구(區)가 있다. 서수로 표기하고 발음한다. 예를 들어, 2구는 2e 로 표기하며 deuxième 로 읽는다.

Exercices

반복이 언어 성장의 힘이다.

1 다음 형용사의 여성형을 써 보세요.

❶ stressé → _____ ❷ premier → _____

❸ mignon → _____ ❹ heureux → _____

❺ beau → _____ ❻ nouveau → _____

❼ cher → _____ ❽ ancien → _____

❾ historique → _____ ❿ traditionnel → _____

2 다음 문장을 복수형으로 바꿔 보세요.

> Il est gentil. → Ils sont gentils.

❶ Il est mignon. → _____

❷ Elle est stressée. → _____

❸ Le quartier est vieux. → _____

❹ La maison est ancienne. → _____

❺ Le paysage est beau. → _____

듣기

경청은 지혜의 특권이다.

Écoute

🎧 2-3

녹음을 듣고 빈칸을 채워 보세요.

❶ _____ de Séoul?

❷ _____ Séoul est une ville _____

et _____ .

❸ _____ Séoul est _____ .

❹ Les Parisiens sont _____ .

❺ Les baguettes _____ sont _____ .

Écriture

다음 문장을 형용사를 사용하여 프랑스어로 써 보세요.

❶ 파리는 <u>대</u>도시입니다.

_____

❷ 파리에서 집세는 <u>비쌉니다</u>.

_____

❸ 서울은 <u>역사적인</u> 도시입니다.

_____

❹ 저는 파리 사람들이 <u>로맨틱하다고</u> 생각합니다.

_____

❺ 마레(Le Marais)는 <u>오래된</u> 동네입니다.

_____

다음 문장을 한국어로 번역하고, 프랑스어로 대답을 쓰고 말해 보세요.

❶ Habitez-vous à Séoul ou dans une autre ville?

번역 _____

대답 _____

❷ Pensez-vous que Séoul est une ville dynamique?

번역 _____

대답 _____

❸ Y a-t-il beaucoup de vieux quartiers à Séoul?

번역 _____

대답 _____

❹ Pensez-vous que les Parisiens sont désagréables?

번역 _____

대답 _____

❺ Que pensez-vous de Paris?

번역 _____

대답 _____

Le temps passe très vite.

시간이 참 빨라요.

1
Le temps passe très vite.
시간이 참 빨라요.

2
Je vais souvent au cinéma.
저는 영화관에 자주 가요.

3
J'ai beaucoup de travail.
저는 일이 많아요.

4
Je chante bien.
저는 노래를 잘해요.

🎧 3-1

Activité 1

Léa	On est quel jour aujourd'hui?
Pierre	On est vendredi.
Léa	Déjà? Le temps passe très vite! C'est le week-end demain!

Activité 2

Léa	Est-ce que tu vas souvent au cinéma?
Pierre	Pas souvent. J'y vais une fois par mois. Parce que je n'ai pas beaucoup de temps. Et toi?
Léa	Moi, j'y vais tous les week-ends.

Activité 3

Pierre	Salut, Léa! Comment vas-tu?
Léa	Je vais bien et toi?
Pierre	Je suis trop fatigué. J'ai beaucoup de travail et je finis tard tous les jours.
Léa	Mon pauvre Pierre! Allez, courage!

VOCABULAIRE

aujourd'hui 오늘
vendredi 금요일
déjà 이미, 벌써
passer (시간이) 지나다
demain 내일
souvent 자주
y (대명사) 거기에
fois (횟수) 회, 번
par mois 한 달에
temps 시간
fatigué 피곤한
travail 일, 노동, 회사
finir 마치다
pauvre 불쌍한
courage 힘, 용기

레아	오늘 무슨 요일이지?
피에르	금요일이야.
레아	벌써? 시간이 참 빠르네! 내일이 주말이야!
레아	너 영화관에 자주 가?
피에르	자주 가지는 않아. 한 달에 한 번 가. 시간이 많지 않거든. 너는?
레아	나는 매 주말마다 가.
피에르	안녕, 레아! 어떻게 지내?
레아	잘 지내, 너는?
피에르	너무 피곤해. 일이 많고 매일 늦게 마쳐.
레아	안됐다, 피에르! 자, 힘내!

Grammaire

언어는 본능이 아니다.

부사
(Les adverbes)

부사는 동사, 형용사, 다른 부사를 꾸며주는 용도로 사용하며 수량, 시간, 장소, 방식, 빈도 등을 나타낸다.

1 부사의 종류

양, 수량 (quantité)	beaucoup (많이), assez (꽤, 제법), trop (너무 많은), un peu (약간, 조금), peu (별로), plus (더), aussi (~만큼, 마찬가지로), moins (덜), tout (전부), tellement (많은, 아주)
시간 (temps)	aujourd'hui (오늘), demain (내일), tôt (일찍), tard (늦게), longtemps (오래), souvent (자주), parfois (가끔), toujours (항상), déjà (이미, 벌써), encore (아직, 여전히), autrefois (이전에), maintenant (지금), actuellement (현재), en ce moment (요즘)
장소 (lieu)	loin (먼), près (가까운), partout (도처에), ici (여기에), là (저기에), là-bas (저기에, 그곳에), dedans (내부에), dehors (외부에)
방식 (manière)	bien (잘), mal (나쁘게), vraiment (정말로), vite (빠르게), rapidement (빠르게), lentement (천천히), doucement (천천히, 부드럽게), facilement (쉽게), ensemble (함께, 같이), surtout (특히), particulièrement (특히)

2 부사의 용법과 위치

1) 동사 + 부사 : 동사를 수식하며, 동사의 현재 변화 뒤에 위치한다.

Je chante bien.   저는 노래를 잘해요.
Je vais souvent au cinéma.   저는 영화관에 자주 가요.
Je finis tard.   저는 늦게 마쳐요.

2) 부사 + 형용사 : 형용사를 수식하며, 형용사 앞에 위치한다.

Je suis très fatigué.   저는 아주 피곤해요.
C'est plus cher.   가격이 더 비싸요.
C'est tellement délicieux.   아주 맛있어요.
*très 와 tellement 은 동의어이다.

3) 부사 + 부사 : 수식하는 다른 부사 앞에 위치한다.

Je chante très bien. 저는 노래를 아주 잘해요.
Je vais assez souvent au cinéma. 저는 영화관에 꽤 자주 가요.
C'est un peu loin. 거리가 약간 멀어요.

4) 시간과 장소의 부사는 문두나 문미에 위치한다.

Aujourd'hui, on est mardi. 오늘은 화요일이에요.
= On est mardi aujourd'hui.

Demain, c'est le week-end. 내일은 주말이에요.
= C'est le week-end demain.

Dehors, il fait froid. 밖에 날씨가 추워요.
= Il fait froid dehors.

5) 명사의 양(la quantité)을 표현하는 부사는 전치사 de 와 함께 사용한다. 이때, 관사는 사용하지 않는다.

J'ai trop de travail. 저는 일이 너무 많아요.
J'ai beaucoup de travail. 저는 일이 많아요.
J'ai un peu de travail. 저는 일이 조금 있어요.
J'ai peu de travail. 저는 일이 별로 없어요.

언어는 본능이 아니다.

문법 📖

beaucoup, très, trop 의 차이

1) beaucoup 는 동사를 수식하거나 명사의 양을 표현한다.

Je travaille beaucoup.   저는 일을 많이 해요.
J'ai beaucoup de travail.   저는 일이 많아요.

2) très 는 단독으로 사용할 수 없고, 형용사나 다른 부사와 같이 사용한다. 또, 상태를 나
타내는 표현인 avoir faim, avoir soif, … 에서 사용한다.

Je suis très fatigué.   저는 아주 피곤해요.
Le temps passe très vite.   시간이 아주 빨라요.
J'ai très faim.   저는 아주 배가 고파요.
J'ai très soif.   저는 아주 갈증이 나요.

3) trop 는 동사, 형용사, 다른 부사를 수식하거나 명사의 양을 표현한다. beaucoup, très
보다 다소 부정적인 의미나 강조를 나타내기 위해 사용한다.

Il parle trop.   그는 말이 너무 많아요.
C'est trop cher.   너무 비싸요.
Le temps passe trop vite.   시간이 너무 빨라요.

bon 과 bien 의 차이

1) bon / bonne / bons / bonnes (좋은, 훌륭한, 우수한, 착한, 맛있는)

형용사이며 명사에 따라 성수 일치한다. 간혹 동사를 수식하기도 하며, 이 경우에는 남성 단수형으로 사용한다.

La salade est bonne.	샐러드가 맛있어요.
Guillaume est un bon acteur.	기욤은 훌륭한 배우예요.
Il fait bon.	날씨가 좋아요.
Ça sent bon.	냄새가 좋아요.
C'est bon. = C'est d'accord.	좋아요. / 알겠어요.

2) bien (잘, 매우, 아주, 훌륭하게)

부사이며 성수 일치하지 않는다. 간혹 beaucoup 나 très 처럼 '매우', '아주'라는 의미로 사용하기도 한다.

Ça va bien.	잘 지내요.
Je cuisine bien.	저는 요리를 잘해요.
J'aime bien ce plat.	저는 이 요리가 아주 좋아요.

Grammaire

언어는 본능이 아니다.

빈도의 표현
(L'expression de la fréquence)

빈도의 표현	뜻
une heure par jour	하루에 한 시간
une heure par semaine	일주일에 한 시간
une heure par mois	한 달에 한 시간
une heure par an	일 년에 한 시간
une fois par jour	하루에 한 번
tous les jours	매일
toutes les semaines	매주
tous les mois	매달
tous les ans	매년
tous les matins	매일 아침
tous les après-midis	매일 오후
tous les soirs	매일 저녁
toutes les nuits	매일 밤

EXEMPLES

Je vais au cinéma une fois par semaine.

= Une fois par semaine, je vais au cinéma.
   저는 일주일에 한 번 영화관에 가요.

Je vais au cinéma tous les week-ends.

= Tous les week-ends, je vais au cinéma.
   저는 매 주말마다 영화관에 가요.

43

언어는 질서 속에 짜여진 무늬이다.

🎧 3-2

Comment célébrez-vous votre anniversaire de naissance?

Julie J'invite mes amis à la maison. Je prépare un repas et mes amis achètent une bouteille de vin et un gâteau. On mange, on boit, on chante et on danse. On passe une bonne soirée et je suis tellement heureuse!

Annie Je pense que l'anniversaire est une date très importante dans la vie. Je fais une fête d'anniversaire avec ma famille. Il y a toujours un bon repas et un bon gâteau. Ma famille me chante <Joyeux anniversaire>. Je souffle les bougies. Et on dîne ensemble.

Ludovic Je ne célèbre pas mon anniversaire. Je préfère rester seul. Je pense que ce n'est pas un jour très important. Je travaille, je mange, je rentre à la maison comme d'habitude. Si j'ai du temps, je préfère voyager seul.

VOCABULAIRE
comment 어떻게
célébrer 기념하다
anniversaire 생일, 기념일
naissance 출생, 탄생
inviter 초대하다
préparer 준비하다
repas 식사
acheter 사다
bouteille 병, 술병
vin 와인
boire 마시다
chanter 노래하다
danser 춤추다
faire une fête 파티를 하다
joyeux 즐거운, 기쁜
souffler 입김을 내불다, 불다
bougie 초
dîner 저녁 식사를 하다
ensemble 함께
seul 혼자
important 중요한
rentrer 돌아가다
comme ~와 같이, ~처럼
d'habitude 평소, 보통
si 만약에
voyager 여행하다

생일을 어떻게 기념하세요?

쥴리 저는 집으로 친구들을 초대해요. 제가 식사를 준비하고 친구들이 와인 한 병과 케이크를 사와요. 먹고, 마시고, 노래하고 춤도 추죠. 우리는 즐거운 저녁을 보내고 저는 아주 행복하답니다!

안니 저는 생일이 인생에서 아주 중요한 날이라고 생각해요. 저는 가족들과 같이 생일 파티를 해요. 항상 맛있는 식사와 케이크가 있어요. 가족들은 저에게 생일 축하 노래를 불러줘요. 저는 촛불을 끄고 우리는 함께 저녁 식사를 해요.

뤼도빅 저는 생일을 기념하지 않아요. 혼자 있는 것을 더 좋아해요. 저는 중요한 날이라고 생각하지 않아요. 평소처럼 일하고, 먹고, 퇴근해요. 만약 시간이 있으면, 혼자 여행하는 것을 선호해요.

1 beaucoup, très 를 사용하여 빈칸을 채워 보세요.

❶ Je pense que c'est un _____ bon film.

❷ Je suis _____ fatigué aujourd'hui.

❸ J'ai _____ de travail en ce moment.

❹ J'ai _____ faim. Tu as quelque chose à manger?

❺ À Paris, il y a _____ de monuments célèbres. J'aime surtout la tour Eiffel.

2 bon, bien 를 사용하여 빈칸을 채워 보세요.

❶ Tu parles _____ anglais.

❷ J'aime _____ chanter.

❸ Il fait _____ aujourd'hui!

❹ Tous les jours, je mange _____!

❺ Ton parfum est _____. Qu'est-ce que c'est?

Écoute

🎧 3-3

녹음을 듣고 빈칸을 채워 보세요.

1 Comment célébrez-vous votre _____ ?

2 Je passe une bonne soirée et je suis _____ !

3 On dîne _____ .

4 Il y a _____ un bon repas.

5 Je préfère _____ .

쓰기

쓰기는 의식을 재구조화한다.

Écriture

다음 문장을 부사를 사용하여 프랑스어로 써 보세요.

1 저는 일이 너무 많아요.

_____

2 밖에 날씨가 아주 추워요.

_____

3 저는 아주 배가 고파요.

_____

4 우리는 매 주말마다 영화관에 가요.

_____

5 시간이 아주 빨라요. (시간이 아주 빠르게 지나가요.)

_____

Expression orale

말할 권리를 절대 옹호한다.

다음 문장을 한국어로 번역하고, 부사를 사용하여 대답을 쓰고 말해 보세요.

① Allez-vous souvent au cinéma?

번역 _____

대답 _____

② Avez-vous beaucoup de travail en ce moment?

번역 _____

대답 _____

③ Chantez-vous bien?

번역 _____

대답 _____

④ Célébrez-vous votre anniversaire de naissance tous les ans?

번역 _____

대답 _____

⑤ Comment célébrez-vous votre anniversaire de naissance?

번역 _____

대답 _____

La tour Eiffel est le monument le plus connu de Paris.

에펠탑은 파리의 가장 유명한 기념물이에요.

핵심
문법
표현

1 C'est plus cher.
이게 더 비싸요.

2 C'est le plus cher.
이게 가장 비싸요.

3 Ce gâteau est meilleur.
이 케이크가 더 맛있어요.

4 Ce gâteau est le meilleur.
이 케이크가 가장 맛있어요.

5 Je chante mieux que toi.
내가 너보다 노래를 더 잘해.

6 Je chante le mieux.
내가 노래를 제일 잘해.

Conversation

대화

🎧 4-1

Q   Quel est le monument le plus connu de Paris?

R   C'est la tour Eiffel. C'est le symbole de Paris.

Q   Quelle est la ville la plus peuplée de France?

R   C'est Paris. Il y a 2,14 millions d'habitants dans le département de Paris. Ses habitants sont appelés parisiens.

Q   Quel est le musée le plus visité au monde?

R   C'est le musée du Louvre. Il est le plus grand musée au monde, mais aussi le plus visité. Le musée a accueilli 9,6 millions de visiteurs en 2019.

VOCABULAIRE
monument 기념물, 기념 건축물
connu 알려진, 유명한
symbole 상징
peuplé 사람이 사는
million 백만
habitant 거주자
département (행정 구역의) 도, 지방
appelé ~라 일컫는
visité 방문되는
monde 세상, 세계
mais aussi 게다가
accueillir 맞이하다
visiteur 방문객

질문   파리의 가장 유명한 기념물은 무엇인가요?

대답   에펠탑입니다. 파리의 상징이죠.

질문   프랑스에서 가장 인구가 많은 도시는 무엇인가요?

대답   파리입니다. 파리 내에는 214만 명의 거주자들이 있습니다. 그 거주자들은 파리지앵으로 불리죠.

질문   세계에서 가장 방문객이 많은 박물관은 무엇인가요?

대답   루브르 박물관입니다. 세계에서 규모가 가장 클 뿐만 아니라 방문객이 가장 많습니다. 2019년에 960만 명의 방문객을 맞이했습니다.

비교급
(Le comparatif)

비교급이란 형용사, 부사, 명사, 동사를 다른 대상과 비교해서 우등, 동등, 열등으로 표현하는 것을 말한다.

1 형용사와 부사의 비교급

$$\begin{bmatrix} \text{(우등) } \textbf{plus} \\ \text{(동등) } \textbf{aussi} \\ \text{(열등) } \textbf{moins} \end{bmatrix} + \text{형용사/부사} + \text{que} + \text{비교 대상}$$

1) 형용사의 비교급

EXEMPLES

Il fait plus froid que d'habitude.   날씨가 평소보다 더 추워요.   (+)
Il fait aussi froid que d'habitude.   날씨가 평소만큼 추워요.   (=)
Il fait moins froid que d'habitude.   날씨가 평소보다 덜 추워요.   (-)

2) 부사의 비교급

EXEMPLES

Elle parle plus vite que moi.   그녀는 저보다 말이 더 빨라요.   (+)
Elle parle aussi vite que moi.   그녀는 저만큼 말이 빨라요.   (=)
Elle parle moins vite que moi.   그녀는 저보다 말이 덜 빨라요.   (-)

2 동사의 비교급

| 주어 + 동사 + | (우등) **plus**
 (동등) **autant**
 (열등) **moins** | + que + 비교 대상 |

Je travaille plus que vous.　　　　　저는 당신보다 일을 더 해요.　(+)
Je travaille autant que vous.　　　　저는 당신만큼 일을 해요.　(=)
Je travaille moins que vous.　　　　저는 당신보다 일을 덜 해요.　(-)

3 명사의 비교급

| (우등) **plus de**
 (동등) **autant de**
 (열등) **moins de** | + 명사 + que + 비교 대상 |

Il y a plus de monde que d'habitude.　　평소보다 사람이 더 많아요.　(+)
Il y a autant de monde que d'habitude.　평소만큼 사람이 많아요.　(=)
Il y a moins de monde que d'habitude.　평소보다 사람이 덜 많아요.　(-)

최상급
(Le superlatif)

최상급이란 plus, moins 의 비교 표현에 정관사를 붙여 '가장 ~하는', '가장 덜 ~하는'으로 표현하는 것을 말한다.

1 형용사와 부사의 최상급

- le / la / les plus + 형용사
- le / la / les moins + 형용사
- le plus + 부사
- le moins + 부사

1) 형용사의 최상급

EXEMPLES

C'est le plus cher.	이건 가장 비싸요.	(+)
C'est le moins cher.	이건 가장 덜 비싸요.	(-)

2) 부사의 최상급

EXEMPLES

Il parle le plus vite de nous.	그는 우리 중에서 말이 가장 빨라요.	(+)
Il parle le moins vite de nous.	그는 우리 중에서 말이 가장 덜 빨라요.	(-)

2 동사의 최상급

- 주어 + 동사 + le plus
- 주어 + 동사 + le moins

EXEMPLES

Il travaille le plus de nous.	그는 우리들 중에 일을 가장 많이 해요.	(+)
Il travaille le moins de nous.	그는 우리들 중에 일을 가장 덜 해요.	(-)

Grammaire

3 명사의 최상급

> • le plus de + 명사
> • le moins de + 명사

Ici, il y a le plus de monde.   여기는 사람이 가장 많아요.   (+)
Ici, il y a le moins de monde.   여기는 사람이 가장 덜 많아요.   (-)

ATTENTION!

plus 의 발음

> • **plus** + 모음/무음h : [plyz]
> • **plus** + 자음으로 시작하는 형용사/부사 : [ply]
> • 동사 + **plus** : [plys]
> • **plus de** + 명사 : [plys]

Je suis **plus** âgé que toi.   내가 너보다 나이가 더 많아.
[plyz]

C'est **plus** cher.   이게 더 비싸.
[ply]

Je parle **plus** vite que toi.   나는 너보다 말이 빨라.
[ply]

Je travaille **plus** que toi.   나는 너보다 일을 더 해.
[plys]

Il y a **plus** de monde qu'hier. 어제보다 사람이 더 많아.
[plys]

bon, bien 의 비교급과 최상급

- **bon** 의 우등 비교 → meilleur / meilleure / meilleurs / meilleures
  (남성 단수형) (여성 단수형) (남성 복수형)   (여성 복수형)

- **bon** 의 최상급 → le meilleur / la meilleure / les meilleurs / les meilleures
  (남성 단수형)   (여성 단수형)   (남성 복수형)   (여성 복수형)

- **bien** 의 우등 비교 → mieux

- **bien** 의 최상급 → le mieux

EXEMPLES

형용사/부사	우등 비교급	최상급
Ce gâteau est bon. 이 케이크는 맛있어요.	Ce gâteau est meilleur. 이 케이크는 더 맛있어요.	Ce gâteau est le meilleur. 이 케이크가 제일 맛있어요.
Cette tarte est bonne. 이 파이는 맛있어요.	Cette tarte est meilleure. 이 파이는 더 맛있어요.	Cette tarte est la meilleure. 이 파이가 제일 맛있어요.
C'est un bon film. 이건 좋은 영화예요.	C'est un meilleur film. 이건 더 훌륭한 영화예요.	C'est le meilleur film. 이건 최고의 영화예요.
C'est une bonne actrice. 그녀는 좋은 배우예요.	C'est une meilleure actrice. 그녀는 더 훌륭한 배우예요.	C'est la meilleure actrice. 그녀가 최고의 배우예요.
Il chante bien. 그는 노래를 잘해요.	Il chante mieux que moi. 그는 저보다 노래를 잘해요.	Il chante le mieux. 그가 제일 노래를 잘해요.

Grammaire

언어는 본능이 아니다.

문법

의문형용사
(Les adjectifs interrogatifs)

의문형용사란 명사를 꾸며주는 의문사로 명사의 성(性)과 수(數)에 따라 구분해서 사용한다.

남성 단수형	Quel	
남성 복수형	Quels	어떤,
여성 단수형	Quelle	무슨
여성 복수형	Quelles	

EXEMPLES

Quel est + 남성 단수형 명사 + 최상급?

Quel est le monument le plus connu de Paris?
파리에서 가장 유명한 기념물은 무엇인가요?

Quels sont + 남성 복수형 명사 + 최상급?

Quels sont les quartiers les plus riches de Paris?
파리에서 가장 부유한 동네들은 무엇인가요?

Quelle est + 여성 단수형 명사 + 최상급?

Quelle est la ville la plus connue de France?
프랑스에서 가장 유명한 도시는 무엇인가요?

Quelles sont + 여성 복수형 명사 + 최상급?

Quelles sont les villes les plus riches de France?
프랑스에서 가장 부유한 도시들은 무엇인가요?

ATTENTION!

명사 앞에서 사용하는 형용사는 비교급에서도 명사 앞에 위치한다.

Quel est le plus beau monument de Paris?
파리에서 가장 아름다운 기념물은 무엇인가요?

Quelle est la plus grande ville de France?
프랑스에서 가장 큰 도시는 무엇인가요?

🎧 4-2

Le musée du Louvre

Le musée du Louvre est le plus grand musée et aussi le plus visité au monde. Il est situé dans le premier arrondissement de Paris. Le bâtiment est un ancien palais royal. Il y a l'entrée de Pyramide, on peut entrer par escalateur ou ascenseur dans le musée. On peut voir plus de 380 000 objets dans le musée. Le plus célèbre est *la Joconde* de Léonard de Vinci et il y aussi *la Vénus de Milo, la Victoire de Samothrace* etc.

Vous pouvez choisir la date de visite et acheter des billets en ligne ou au guichet du musée du Louvre. L'entrée est gratuite pour les moins de 18 ans. Le musée est ouvert tous les jours sauf le mardi. Les stations de métro les plus proches sont : Palais Royal-Musée du Louvre (ligne 1 ou 7), Louvre-Rivoli (ligne 1), Tuileries (ligne 1) et Pont-Neuf (ligne 7).

VOCABULAIRE	
ancien	이전의, 예전의
palais	궁전
royal	왕립의, 왕의
entrée	입구
entrer	들어가다
escalateur	에스컬레이터
ascenseur	엘리베이터
objet	물체, 사물
choisir	선택하다
acheter	구매하다
billet	표
en ligne	온라인
guichet	매표소
gratuit	무료의
ouvert	열린
sauf	~을 제외하고
proche	가까운
ligne	노선

루브르 박물관

루브르 박물관은 세계에서 규모가 가장 큰 박물관이며 방문객이 가장 많다. 박물관은 파리의 1구에 위치해 있다. 그 건물은 이전의 왕궁이다. 피라미드라는 입구가 있고, 에스컬레이터나 엘리베이터를 통해서 박물관으로 입장이 가능하다. 이 박물관에서는 38만점 이상의 예술품을 볼 수 있다. 가장 유명한 것은 레오나르도 다빈치의 모나리자이고 밀로의 비너스, 사모트라케의 니케 등도 있다.

온라인에서 방문 날짜를 선택하고 표를 구매하거나 루브르 박물관 매표소에서 구매 가능하다. 18세 미만은 입장이 무료이다. 박물관은 화요일을 제외하고 매일 오픈한다. 가장 가까운 지하철 역은 팔레 로얄-루브르 박물관 (1호선 또는 7호선), 루브르-리볼리 (1호선), 튈르리 (1호선) 그리고 퐁네프 (7호선) 역이 있다.

Exercices

반복이 언어 성장의 힘이다.

1 괄호 안의 표시대로 비교급을 사용하여 빈칸을 채워 보세요.

❶ Aujourd'hui, il y a _____ monde que d'habitude. (+)

❷ Tu parles _____ vite que moi. (+)

❸ Cette année, il fait _____ froid que l'année dernière. (=)

❹ J'ai _____ travail que le mois dernier. (=)

❺ Elle a _____ livres de grammaire que moi. (-)

2 비교급 **meilleur, mieux** 를 사용하여 빈칸을 채워 보세요. (형용사는 성수 일치 필요)

❶ Tu chantes _____ que moi.

❷ Je parle _____ l'anglais que l'espagnol.

❸ Cette tarte est _____ que ce gâteau.

❹ Selon moi, mon papa cuisine _____ que ma maman.

❺ Selon moi, le vin rouge est _____ que le vin blanc.

🎧 4-3

녹음된 하나의 **dialogue**를 듣고 다음 문장이 **vrai** (진실), **faux** (거짓)인지 표시하세요.

		Vrai	Faux
❶	Marc est aussi âgé que Julien.	( )	( )
❷	Marc parle plus de langues que Julien.	( )	( )
❸	Marc travaille moins que Julien.	( )	( )
❹	Marc a autant d'expériences professionnelles que Julien.	( )	( )
❺	Marc a plus d'enfants que Julien.	( )	( )

Écriture

다음 문장을 의문형용사와 최상급을 사용하여 프랑스어로 써 보세요.

① 프랑스의 가장 유명한 기념물은 무엇인가요? (connu)

_____

② 에펠탑은 프랑스의 가장 유명한 기념물입니다. (connu)

_____

③ 한국에서 가장 큰 도시는 무엇인가요? (grand)

_____

④ 서울은 한국에서 가장 큰 도시입니다. (grand)

_____

⑤ 서울은 한국에서 가장 인구가 많은 도시입니다. (peuplé)

_____

말하기 말할 권리를 절대 옹호한다.

Expression orale

다음 문장을 한국어로 번역하고, 비교급과 최상급을 사용하여 대답을 쓰고 말해 보세요.

❶ Travaillez-vous plus qu'avant?

번역 _____

대답 _____

❷ Vous-levez vous plus tôt qu'avant?

번역 _____

대답 _____

❸ Parlez-vous mieux le français que l'anglais?

번역 _____

대답 _____

❹ Selon vous, quelle est la langue la plus difficile?

번역 _____

대답 _____

❺ Selon vous, quelle est la plus belle ville de Corée?

번역 _____

대답 _____

Leçon

05

Je ne comprends pas.

저는 이해가 안 돼요.

대화

인류는 소통하였기에 생존하였다.

Conversation

🎧 5-1

Activité 1

Emma Quel numéro de bus prends-tu?

Julien Je prends le 131. C'est un bus direct pour aller chez moi.

Activité 2

Julien Quelle langue apprends-tu?

Emma J'apprends le coréen.

Julien Tu l'apprends depuis combien de temps?

Emma Depuis six mois. Je ne parle pas encore bien.

Activité 3

Julien Est-ce que tu comprends ma question?

Emma Non, je ne comprends pas. Tu peux répéter?

Activité 4

Emma Salut Julien. Qu'est-ce que tu fais ici?

Julien J'attends Patric. Il est toujours en retard.

VOCABULAIRE

prendre 타다, 먹다, 섭취하다

direct 직통의

apprendre 배우다

depuis ~이후로, ~부터

combien 얼마나

temps 시간

encore 아직, 여전히

comprendre 이해하다

répéter 반복하다

faire 하다

ici 여기, 여기에

attendre 기다리다

toujours 항상

être en retard 늦다, 지각하다

엠마 너는 몇 번 버스를 타니?

쥴리앙 131번을 타. 우리집으로 가는 직행 버스야.

쥴리앙 너는 어떤 언어를 배우고 있어?

엠마 한국어를 배우고 있어.

쥴리앙 언제부터 배우고 있어?

엠마 6개월 전부터 하고 있어. 아직은 잘 못해.

쥴리앙 너는 내 질문이 이해되니?

엠마 아니, 이해가 안 돼. 다시 말해 줄래?

엠마 쥴리앙 안녕. 너 여기서 뭐 해?

쥴리앙 파트릭을 기다리고 있어. 걔는 항상 늦어.

Grammaire

언어는 본능이 아니다.   문법

prendre, comprendre, apprendre 동사

이 동사들은 3군 불규칙 동사이다.
prendre 에서 파생된 comprendre, apprendre 동사는 접두어만 바꾸어서 동사 변화를 쉽게 외울 수 있다.

⟨동사 현재 변화⟩

prendre (교통 수단을) 타다, 섭취하다, 잡다, 쥐다	comprendre 이해하다	apprendre 습득하다, 배우다
je prends	je comprends	j'apprends
tu prends	tu comprends	tu apprends
il, elle, on prend	il, elle, on comprend	il, elle, on apprend
nous prenons	nous comprenons	nous apprenons
vous prenez	vous comprenez	vous apprenez
ils, elles prennent	ils, elles comprennent	ils, elles apprennent

EXEMPLES

Je prends le bus.	버스를 타다.
Je prends mon petit-déjeuner.	아침 식사를 하다.
Je prends mon déjeuner.	점심 식사를 하다.
Je prends mon dîner.	저녁 식사를 하다.
Je prends ma douche.	샤워를 하다.
Je prends rendez-vous.	약속을 잡다. / 예약을 하다.
Je comprends le français.	프랑스어를 이해하다.
J'apprends le français.	프랑스어를 배우다.

63

attendre, entendre, descendre, répondre 동사

이 동사들은 3군 불규칙 동사이지만 동사 변화의 어미가 같다.

〈동사 현재 변화〉

attendre 기다리다	entendre 듣다, 들리다	descendre 내려가다, 내리다	répondre 대답하다
j'attends	j'entends	je descends	je réponds
tu attends	tu entends	tu descends	tu réponds
il, elle, on attend	il, elle, on entend	il, elle, on descend	il, elle, on répond
nous attendons	nous entendons	nous descendons	nous répondons
vous attendez	vous entendez	vous descendez	vous répondez
ils, elles attendent	ils, elles entendent	ils, elles descendent	ils, elles répondent

EXEMPLES

J'attends ta réponse.　　　　　　　　　　너의 대답을 기다리다.
J'entends ta voix.　　　　　　　　　　　너의 목소리가 들리다.
Je descends à la station Saint-Michel.　생미셸 역에서 내리다.
Je réponds à la question.　　　　　　　질문에 대답하다.

Grammaire

언어는 본능이 아니다.

의문사
(Les interrogatifs)

1 의문사의 종류

의문사	뜻
Qui	누가, 누구를
Que	무엇을
Où	어디에
Quand	언제
Comment	어떻게
Pourquoi	왜
Combien	얼마나
Quel, Quels, Quelle, Quelles	어떤, 무슨
À qui	누구에게
Avec qui	누구와
À quelle heure	몇 시에
D'où	(장소) ~로부터
Depuis quand	언제부터

문법

📖 언어는 본능이 아니다.

Grammaire

EXEMPLES

의문사	예문	
Qui	Qui es-tu?	너는 누구야?
	Qui attends-tu?	너는 누구를 기다려?
Que	Que fais-tu?	뭐 해?
Où	Où vas-tu?	어디에 가?
Quand	Quand arrives-tu?	언제 도착해?
Comment	Comment vas-tu?	어떻게 지내?
Pourquoi	Pourquoi apprends-tu le français?	왜 프랑스어를 배워?
Combien	Combien mesures-tu?	너는 키가 몇이야?
Quel, Quels, Quelle, Quelles	Quelle est ta profession?	너의 직업이 뭐야?
À qui	À qui parles-tu?	누구에게 말하는 거야?
Avec qui	Avec qui vas-tu au cinéma?	누구와 영화관에 가?
À quelle heure	À quelle heure arrives-tu?	몇 시에 도착해?
D'où	D'où viens-tu?	너는 어디 출신이야?
Depuis quand	Depuis quand habites-tu à Paris?	언제부터 파리에 살고 있어?

Grammaire

문법

2 의문문의 형태

아래의 세 가지 형태로 의문문을 만들 수 있다. 어순에 상관없이 같은 의미로 사용한다.

1) 주어 + 동사 + 의문사?   (구어체에서 더 자주 사용)

2) 의문사 + 동사 + 주어?   (문어체에서 더 자주 사용)

3) 의문사 + est-ce que + 주어 + 동사?   (구어체에서 더 자주 사용)

EXEMPLES

억양의 변화	주어와 동사의 도치형	est-ce que 의 사용
Tu vas où? 너 어디에 가니?	Où vas-tu?	Où est-ce que tu vas?
Tu arrives quand? 너 언제 도착해?	Quand arrives-tu?	Quand est-ce que tu arrives?
Tu vas comment? 너 어떻게 지내?	Comment vas-tu?	Comment est-ce que tu vas?
Tu vas avec qui? 너 누구랑 같이 가니?	Avec qui vas-tu?	Avec qui est-ce que tu vas?
Tu arrives à quelle heure? 너 몇 시에 도착해?	À quelle heure arrives-tu?	À quelle heure est-ce que tu arrives?
*Tu fais quoi? 너 뭐 해?	*Que fais-tu?	*Qu'est-ce que tu fais?

ATTENTION!

① 의문사 que 는 문두에서만 사용할 수 있다.

② 의문사 que 는 동사 뒤에 올 때 quoi 로 변화한다.

③ 의문사 que 는 모음/무음h 로 시작하는 인칭이 올 때 축약하여 qu' 가 된다.

④ 의문사 qui 는 모음/무음h 로 시작하는 동사가 올 때 축약하지 않는다.

⑤ 인칭대명사와 동사가 도치될 때 trait d'union 으로 (–)로 연결한다.

⑥ 대명사 ça 는 동사와 도치해서 사용하지 않는다.

🎧 5-2

Pourquoi apprenez-vous le français?

Suji   J'apprends le français depuis un an. Parce que je vais aller en France pour mes études l'année prochaine. Je pense que le français est une belle langue.

Sam   J'apprends le français en ligne depuis trois mois. J'aime beaucoup apprendre une langue étrangère. Je voudrais apprendre l'espagnol aussi. Parce que le vocabulaire est très similaire au français.

Emma   J'apprends le français pour mon travail. Je pense que c'est une langue difficile, surtout la grammaire est très compliquée mais j'aime bien cette langue.

Seo-jun   Le français est une langue officielle dans 29 pays. Je pense que le français est une langue utile pour comprendre la culture française et pour communiquer avec des gens. J'aime bien étudier cette langue.

VOCABULAIRE

apprendre 배우다
étude 공부
langue 언어
en ligne 온라인
depuis ~부터
étranger / étrangère 외국의
similaire 유사한
difficile 어려운
grammaire 문법
compliqué(e) 복잡한
officiel / officielle 공식의
pays 국가, 나라
utile 유용한
culture 문화
communiquer 소통하다
gens 사람들

왜 프랑스어를 배우세요?

수지   저는 일 년 전부터 프랑스어를 배우고 있어요. 내년에 저의 공부를 위해 프랑스로 가기 때문입니다. 저는 프랑스어가 아름다운 언어라고 생각해요.

샘   저는 3개월 전부터 온라인에서 프랑스어를 배우고 있어요. 저는 외국어 배우는 것을 아주 좋아합니다. 스페인어도 배워보고 싶어요. 왜냐하면 단어가 프랑스어와 아주 비슷하기 때문입니다.

엠마   저는 일 때문에 프랑스어를 배우고 있어요. 저는 프랑스어가 어려운 언어라고 생각합니다, 특히 문법이 아주 복잡하지만 저는 이 언어가 좋아요.

서준   프랑스어는 29개국에서 공용어입니다. 저는 프랑스어가 프랑스 문화를 이해하고 사람들과 소통을 하기 위해 유용한 언어라고 생각해요. 저는 이 언어를 공부하는 게 좋아요.

Exercices

반복이 언어 성장의 힘이다.

1 prendre, comprendre, apprendre 동사 변화로 빈칸을 채워 보세요.

❶ Je _____ mon déjeuner au restaurant.

❷ Ma fille _____ le français à l'école depuis un an.

❸ Je ne _____ pas. Tu parles trop vite!

❹ Normalement, qu'est-ce que vous _____ au déjeuner?

❺ On _____ le bus pour aller à Versailles. Parce que c'est direct.

2 attendre, entendre, descendre, répondre 동사 변화로 빈칸을 채워 보세요.

❶ Est-ce que tu _____ ma voix?

❷ À quelle station est-ce que je _____ pour aller au Louvre?

❸ Pour y aller, vous _____ à la station Palais Royal-Musée du Louvre.

❹ Vous _____ aux questions par oui ou par non.

❺ Nous _____ notre professeur. Il est en retard aujourd'hui.

🎧 5-3

녹음된 질문을 듣고 그에 어울리는 답을 연결해 보세요.

① Question **1** •

• Réponse **1** C'est le 23 mars 1990.

② Question **2** •

• Réponse **2** Je viens de Lyon.

③ Question **3** •

• Réponse **3** Je me lève à 6h 30.

④ Question **4** •

• Réponse **4** Je rentre à la maison normalement.

⑤ Question **5** •

• Réponse **5** Je vois mes amis ou je fais du tennis.

다음 문장을 3가지 형태의 의문문을 사용하여 프랑스어로 써 보세요.

1　억양의 변화

① 너 어디에 가?

② 너 몇 시에 도착해?

③ 너 아침에 몇 시에 일어나?

④ 너 누구와 점심을 먹어?

⑤ 너 언제부터 파리에 살고 있어?

2　주어와 동사의 도치형

①

②

③

④

⑤

3　est-ce que 의 사용

①

②

③

④

⑤

1 다음 문장을 한국어로 번역하고, 프랑스어로 대답을 쓰고 말해 보세요.

① D'où venez-vous?

번역 _____

대답 _____

② Depuis quand apprenez-vous le français?

번역 _____

대답 _____

③ Pourquoi apprenez-vous le français?

번역 _____

대답 _____

2 다음 의문사를 사용하여 문장을 만들고 말해 보세요.

① Où : _____

② Que : _____

③ À quelle heure : _____

Leçon 06

Je dors 7 heures par nuit.

저는 하루에 7시간을 자요.

1

Je pars en vacances en Chine.
저는 중국으로 휴가를 떠나요.

2

On sort où?
우리 어디로 나갈까?

3

Je dors 7 heures par nuit.
저는 하루에 7시간을 자요.

🎧 6-1

Activité 1

Céline Tu pars en vacances cet été?

Maxime Oui, je pars en Chine. Et toi tu pars où?

Céline Moi, je pars au Viêt-Nam avec mon mari. C'est notre premier voyage au Viêt-Nam. J'ai vraiment hâte!

Activité 2

Céline Qu'est-ce qu'on fait ce soir? On sort?

Maxime On sort où?

Céline On va au Marais pour prendre un verre?

Maxime Super! Allez, on y va!

Activité 3

Céline Je dors mal. J'ai une insomnie.

Maxime Tu dors combien d'heures par nuit?

Céline 4 heures. Et toi, tu dors bien?

Maxime Oui, je dors 7 heures par nuit. Le sommeil est très important pour la santé!

셀린느	이번 여름에 휴가를 가니?
막심	응, 중국으로 갈 거야. 너는 어디로 가?
셀린느	남편이랑 베트남으로 가. 이번이 우리의 첫 베트남 여행이야. 정말 기대돼!
셀린느	우리 오늘 저녁에 뭐 할까? 나갈래?
막심	어디로 나갈까?
셀린느	한잔하러 마레에 갈래?
막심	좋아! 가자!
셀린느	나는 잠을 잘 못 자. 불면증이 있어.
막심	하루에 몇 시간 자?
셀린느	4시간. 너는 잘 자?
막심	난 하루에 7시간 자. 수면은 건강에 아주 중요해!

Grammaire

언어는 본능이 아니다.

partir, sortir, dormir 동사

이 동사들은 3군 불규칙 동사이지만 동사 변화의 어미가 같다.

〈동사 현재 변화〉

partir 떠나다	sortir 외출하다	dormir 자다
je pars	je sors	je dors
tu pars	tu sors	tu dors
il, elle, on part	il, elle, on sort	il, elle, on dort
nous partons	nous sortons	nous dormons
vous partez	vous sortez	vous dormez
ils, elles partent	ils, elles sortent	ils, elles dorment

EXEMPLES

Je pars en vacances.	휴가를 떠나다.
Je pars en voyage.	여행을 떠나다.
Je pars en voyage d'affaires.	출장을 떠나다.
Je sors avec des amis.	친구들과 외출하다. / 놀러 가다.
Je dors 7 heures par nuit.	하루에 7시간 자다.
Je dors bien.	잠을 잘 자다.
Je dors mal.	잠을 잘 못 자다.

의문사 combien

의문사 combien의 뜻은 '얼마나, 얼만큼'이다.

1) Combien + 동사 + 주어? = 주어 + 동사 + combien?

질문	대답
Ça coûte combien? 얼마예요?	Ça coûte dix euros. 10 유로입니다.
Ça fait combien? 모두 얼마예요?	Ça fait cinquante euros. 50 유로입니다.
Tu mesures combien? 너 키가 몇이야?	Je mesure 1 mètre 60. 160 센티미터야.
Tu pèses combien? 너 몸무게가 몇이야?	Je pèse 50 kilos. 50 킬로야.

ATTENTION!

대명사 ça 는 동사와 도치해서 사용하지 않는다. 따라서, 〈Ça coûte combien?〉 또는 〈Combien ça coûte?〉 의 어순으로 말한다.

2) 주어 + 동사 + combien de + 명사? = Combien de + 명사 + 동사 + 주어?

질문	대답
Tu dors combien d'heures par nuit? 하루에 몇 시간 자니?	Je dors 7 heures par nuit. 하루에 7시간 자.
Tu travailles combien d'heures par jour? 하루에 몇 시간 근무해?	Je travaille 8 heures par jour. 하루에 8시간 근무해.
Tu travailles combien de jours par semaine? 일주일에 며칠 근무해?	Je travaille 5 jours par semaine. 일주일에 5일 근무해.

Lecture

언어는 질서 속에 짜여진 무늬이다.

🎧 6-2

Système scolaire en France

École maternelle : de 3 à 5 ans
École élémentaire : de 6 à 11 ans
Collège : de 11 à 14 ans
Lycée : de 15 à 18 ans
Université : licence (3 ans), master (2 ans), doctorat (entre 2 à 3 ans)

La rentrée scolaire a lieu entre le 1er et le 5 septembre, la rentrée universitaire peut avoir lieu plus d'un mois après.

Combien de semaines de vacances scolaires en France?

Les élèves ont 36 semaines de vacances scolaires par an. Il y a les vacances de Toussaint (Fête catholique), les vacances de Noël, les vacances d'hiver, les vacances du printemps et les vacances d'été.

VOCABULAIRE
système 시스템
scolaire 학교의
maternel 엄마의, 모계의
élémentaire 기본의, 기초의
collège 중학교
lycée 고등학교
licence 학사과정, 학사학위
master 석사과정, 석사학위
doctorat 박사과정, 박사학위
rentrée 개학
avoir lieu (일, 행사 등이) 일어나다, 발생하다
entre ~사이에
universitaire 대학의
vacances scolaires 학교 방학
élève 학생
Toussaint 만성절
fête 파티, 축제
catholique 가톨릭의
Noël 크리스마스

프랑스 학교 시스템
유치원 : 3세~5세
초등학교 : 6세~11세
중학교 : 11세~14세
고등학교 : 15세~18세
대학교 : 학사과정 (3년), 석사과정 (2년), 박사과정 (2년에서 3년 사이)

학교 개학은 9월 1일에서 9월 5일 사이에, 대학교 개강은 한 달 이상 후일 수 있다.

프랑스에서 학교 방학은 몇 주나 될까?
학생들은 일 년에 36주의 방학이 있다. 만성절(가톨릭 축제), 크리스마스방학, 겨울방학, 봄방학 그리고 여름방학이 있다.

partir, sortir, dormir 동사 변화로 빈칸을 채워 보세요.

❶ Je _____ en vacances à Nice tous les étés.

❷ Le train pour Marseille _____ à 10 heures.

❸ Je _____ 7 heures par nuit. Le sommeil est important.

❹ Ma fille ne _____ pas bien. Elle a une insomnie.

❺ Nous _____ souvent le week-end. Nous allons au cinéma ou à l'exposition.

Écoute

경청은 지혜의 특권이다.

🎧 6-3

녹음된 하나의 dialogue를 듣고 다음 문장이 vrai (진실), faux (거짓)인지 표시하세요.

		Vrai	Faux
❶ Lucas part en Chine pour la première fois.		(　　)	(　　)
❷ Marie ne part pas en vacances cet été.		(　　)	(　　)
❸ Lucas part en vacances avec des amis.		(　　)	(　　)
❹ Lucas part en vacances ce jeudi.		(　　)	(　　)
❺ Lucas va passer trois jours en Chine.		(　　)	(　　)

Écriture

쓰기는 의식을 재구조화한다.

다음 문장을 의문사 combien 을 사용하여 프랑스어로 써 보세요.

❶ 일주일에 며칠 일하세요? _____

❷ 하루에 몇 시간 주무세요? _____

❸ 하루에 몇 시간 텔레비전을 보세요? _____

❹ 몇 개 언어를 구사하세요? _____

❺ 이거 얼마예요? _____

다음 문장을 한국어로 번역하고, 프랑스어로 대답을 쓰고 말해 보세요.

① Combien d'heures dormez-vous par nuit?

번역 _____

대답 _____

② Combien d'heures travaillez-vous par jour?

번역 _____

대답 _____

③ Combien d'heures étudiez-vous le français par jour?

번역 _____

대답 _____

④ Combien de livres de français avez-vous?

번역 _____

대답 _____

⑤ Combien de langues parlez-vous?

번역 _____

대답 _____

07

Je peux venir bien sûr.

당연히 갈 수 있어.

핵심
문법
표현
❗

1 Je veux inviter mes amis à la fête.
파티에 내 친구들을 초대하고 싶어.

2 Je peux venir.
나 갈 수 있어.

3 Je dois partir.
나 출발해야 해.

4 Je sais conduire.
나 운전할 줄 알아.

🎧 7-1

Léa veut inviter ses amis à la fête de son anniversaire. Qui accepte et qui refuse son invitation?

Léa	Je fête mes vingt ans ce vendredi soir. Est-ce que vous pouvez venir?
Maxime	Pourquoi pas. Qu'est-ce que j'apporte?
Léa	C'est moi qui prépare tout! Et toi Julien, tu peux venir aussi?
Julien	Je ne sais pas encore. J'ai beaucoup de travail. Je te dis demain.
Léa	Pas de problème! Et toi Annie?
Annie	Moi, je peux venir bien sûr. Ça commence à quelle heure?
Léa	À 18 heures chez moi.
Annie	Super! On va bien s'amuser!

레아는 생일파티에 친구들을 초대하고 싶어 합니다. 누가 초대를 수락하고 누가 거절할까요?

레아	이번 금요일 저녁에 내 스무살 생일파티를 할 거야. 너희들 올 수 있어?
막심	물론이지. 뭐 가지고 갈까?
레아	내가 전부 준비해! 줄리앙, 너도 올 수 있어?
줄리앙	아직 모르겠어. 일이 많거든. 내일 말해줄게.
레아	알았어! 안니, 너는?
안니	당연히 갈 수 있지. 몇 시에 시작해?
레아	우리집에서 저녁 6시에 해.
안니	좋아! 재미있게 놀자!

vouloir, pouvoir, devoir, savoir 동사

이 동사들은 3군 불규칙 동사로 동사원형과 같이 사용해서 바람 (vouloir 동사), 부탁이나 가능성 (pouvoir 동사), 의무 (devoir 동사), 능력 (savoir 동사) 등을 표현한다.

〈동사 현재 변화〉

vouloir 원하다	pouvoir 할 수 있다	devoir 해야 한다	savoir 알다
je veux	je peux	je dois	je sais
tu veux	tu peux	tu dois	tu sais
il, elle, on veut	il, elle, on peut	il, elle, on doit	il, elle, on sait
nous voulons	nous pouvons	nous devons	nous savons
vous voulez	vous pouvez	vous devez	vous savez
ils, elles veulent	ils, elles peuvent	ils, elles doivent	ils, elles savent

EXEMPLES 1

vouloir / pouvoir / devoir / savoir + 동사원형

긍정문	부정문
Je veux sortir. 나가고 싶어.	Je ne veux pas sortir. 나가고 싶지 않아.
Je peux sortir. 나갈 수 있어.	Je ne peux pas sortir. 나갈 수 없어.
Je dois sortir. 나가야 해.	Je ne dois pas sortir. 나가면 안 돼.
Je veux me promener. 산책하고 싶어.	Je ne veux pas me promener. 산책하고 싶지 않아.
Je sais conduire. 나 운전할 줄 알아.	Je ne sais pas conduire. 나 운전할 줄 몰라.

EXEMPLES 2

Est-ce que je peux essayer ces chaussures?
이 신발을 신어봐도 될까요?

Qu'est-ce que tu veux manger?
너 뭐 먹고 싶어?

Quand est-ce que tu dois partir?
너 언제 출발해야 해?

Où est-ce que je peux acheter le ticket de métro?
지하철 표를 어디에서 살 수 있어요?

Est-ce que tu sais conduire?
너 운전할 줄 알아?

초대, 수락, 거절의 표현

1) Inviter un(e) ami(e) 초대하기

J'organise une petite fête pour mon anniversaire.
내 생일을 위해서 작은 파티를 열려고 해.

Je fête mes vingt ans.
내 스무살을 축하하려고 해.

Je t'invite à mon anniversaire.
너를 내 생일에 초대하려고 해.

Est-ce que tu peux venir?
올 수 있어?

2) Accepter une invitation 초대 수락하기

J'accepte avec plaisir!
응, 기꺼이!

Pourquoi pas.
물론이지.

Je viens bien sûr.
당연히 가야지.

Qu'est-ce que j'apporte?
뭐 가져갈까?

3) Refuser une invitation 초대 거절하기

Merci beaucoup pour ton invitation mais je ne peux pas venir. Désolé(e).
초대해 줘서 고맙지만 나는 못 가. 미안해.

Je regrette, mais je ne peux pas.
아쉽지만 나는 안 돼.

Je suis désolé(e), je suis occupé(e).
미안해, 나는 바빠.

85

🎧 7-2

Invitation d'anniversaire

Bonjour à tous,
Pour mon anniversaire, j'organise une petite fête dans l'hôtel Paris le samedi 18 décembre à partir de 20 heures.
Au programme : cocktails, buffet, musique et piscine! Alors, n'oubliez pas votre maillot de bain.
Est-ce que vous pouvez me donner votre réponse avant le 15 décembre?
Bises,
Cécile

J'ai bien reçu ton invitation pour fêter ton anniversaire. Je viens bien sûr! Je vais apporter une tarte aux fraises. J'attends samedi soir avec patience!
Bises,
Étienne

Merci pour ton invitation mais je ne peux pas venir. Parce que je vais à Séoul le 15 décembre pour mon travail. Je vais y rester une semaine. Je suis vraiment désolé! Mais je te souhaite un joyeux anniversaire!
Je t'embrasse,
Marc

VOCABULAIRE

organiser
준비하다, 기획하다

à partir de ~부터

piscine 수영장

oublier 잊다

maillot de bain 수영복

réponse 대답

avant (시간의 의미) ~전에

reçu (recevoir 동사의 과거 분사) 받다

tarte aux fraises
딸기 타르트

patience 참을성

rester 머무르다

joyeux 즐거운, 기쁜

생일 초대장
모두 안녕,
내 생일을 위해서 12월 18일 토요일 저녁 8시부터 파리 호텔에서 작은 파티를 하려고 해.
칵테일, 뷔페, 음악 그리고 수영장을 계획하고 있어! 그러니까 수영복 잊지 마.
너희들 12월 15일 이전에 대답해 줄 수 있어?
안녕, 세실

생일 축하를 위한 초대장을 잘 받았어. 당연히 가야지! 내가 딸기 타르트를 가져갈게.
토요일 저녁을 인내심을 가지고 기다릴게!
안녕, 에티엔

초대장 고맙지만 난 못 가. 12월 15일에 일 때문에 서울에 가거든. 서울에서 일주일 있을 예정이야.
정말 미안해! 그렇지만 즐거운 생일이 되기를 바랄게!
안녕, 마크

참고

bises,
je t'embrasse 는 편지, 메시지, 전화 통화 등에서 하는 끝인사로 주로 가족, 친구, 연인 등 가까운 사이에서 사용한다.

Exercices

연습

1 vouloir 동사 변화로 빈칸을 채워 보세요.

❶ Pendant les vacances d'été, je _____ voyager à l'étranger.

❷ On _____ aller voir un film ce soir.

❸ Est-ce que vous _____ boire quelque chose?

2 pouvoir 동사 변화로 빈칸을 채워 보세요.

❶ Est-ce que je _____ essayer cette jupe?

❷ Demain, je fais une petite fête pour mon anniversaire. Tu _____ venir?

❸ Vous ne _____ pas fumer ici.

3 devoir 동사 변화로 빈칸을 채워 보세요.

❶ Je _____ étudier pour mon examen.

❷ On _____ rester à la maison pendant le week-end.

❸ Quand vous êtes invité chez des Français, vous _____ apporter des gâteaux.

4 savoir 동사 변화로 빈칸을 채워 보세요.

❶ Je _____ conduire.

❷ Est-ce que tu _____ faire du vélo?

❸ Beaucoup de jeunes français _____ parler anglais.

🎧 7-3

녹음을 듣고 빈칸을 채워 보세요.

1

Nicolas	Pauline, _____ chez moi demain?
Pauline	Pourquoi?
Nicolas	Pour faire la fête!
Pauline	D'accord, je viens _____!

2

Marie	Je fais une fête samedi soir, tu veux venir Marc?
Marc	_____. Parce que j'ai trop de travail. _____ au bureau.

3

Nicolas	Marie, qu'est-ce que tu fais samedi?
Marie	_____. Pourquoi?
Nicolas	Parce que c'est mon anniversaire. Tu peux venir?
Marie	_____!

4

Aurélie	Julien, tu peux venir chez moi samedi soir?
Julien	Samedi soir? _____ chez mes parents. _____!

5

Annie	Pour mon anniversaire, _____. Tu peux venir?
Paul	_____. Je vais apporter une bouteille de vin.

다음 문장을 괄호 안의 동사를 사용해서 프랑스어로 써 보세요.

① 너 뭐 하고 싶어? (vouloir)

_____

② 너 어디에 가고 싶어? (vouloir)

_____

③ 제가 어디에서 티켓을 살 수 있어요? (pouvoir)

_____

④ 우리 6시에 일어나야 해. (devoir)

_____

⑤ 너 운전할 줄 알아? (savoir)

_____

Expression orale

1 다음 문장을 한국어로 번역하고, 프랑스어로 대답을 쓰고 말해 보세요.

❶ Quelle langue voulez-vous apprendre?

번역 _____

대답 _____

❷ Quels pays voulez-vous visiter?

번역 _____

대답 _____

❸ Savez-vous conduire?

번역 _____

대답 _____

2 다음 동사를 사용하여 평서문 또는 의문문을 만들고 말해 보세요.

❶ vouloir : _____

❷ pouvoir : _____

❸ devoir : _____

Leçon 08

C'est à toi ce portable?

이 휴대전화 네 거야?

핵심
문법
표현

1

C'est à toi ce portable?

이 휴대전화 네 거야?

2

Oui, c'est mon portable.

응, 내 휴대전화야.

3

Ce sont à toi ces livres?

이 책들 네 거야?

4

Oui, ce sont mes livres.

응, 내 책들이야.

대화

인류는 소통하였기에 생존하였다.

Conversation

🎧 8-1

Marie	Ta fille va à l'école élémentaire?
Thomas	Oui, elle dit qu'elle aime bien son école, son maître et ses amis sont sympas. Et ton fils, il aime aussi son école?
Marie	Non, il dit que sa maîtresse donne beaucoup de devoirs. Alors, il passe des heures à faire ses devoirs. Il préfère jouer avec ses amis. Et toi, tu aimes ton nouveau travail?
Thomas	Tout est nouveau. Je dois m'habituer à mon nouveau bureau.
Marie	Je croise les doigts pour toi!
Thomas	Merci!

VOCABULAIRE

école élémentaire
초등학교

dire 말하다

maître 교사

maîtresse
maître의 여성형

sympa 친절한, 상냥한

devoir 숙제

passer (시간을) 보내다

nouveau 새로운

s'habituer 적응하다

croiser les doigts
행운을 빌다

pour ~를 위해

마리	네 딸은 초등학교에 다니지?
토마	응, 학교가 좋고 선생님과 친구들이 친절하대. 네 아들도 학교 좋아해?
마리	아니, 선생님이 숙제를 많이 주신대. 그래서 숙제하느라 시간을 보내고 있어. 친구들이랑 노는걸 더 좋아하지. 넌, 새 직장은 좋아?
토마	모든 게 새로워. 새로운 사무실에 적응을 해야지.
마리	행운을 빌게!
토마	고마워!

Grammaire

지시형용사
(Les adjectifs démonstratifs)

지시형용사란 명사를 지시해서 한정짓는 형용사로 '이', '그', '저'의 의미로 사용한다. 명사에 따라서 성수 일치한다.

〈지시형용사의 형태와 용법〉

남성 단수형	여성 단수형	복수형
ce, cet	cette	ces

EXEMPLES

Je vais chez le coiffeur <u>ce</u> <u>soir</u>.
　　　　　　　　남성 단수 지시형용사　남성 단수 명사

오늘 저녁에 미용실에 갈 거예요.

Je ne pars pas en vacances cet été.

저는 이번 여름에 휴가를 안 가요.

J'ai beaucoup de travail cette semaine.

저는 이번 주에 일이 많아요.

Que fais-tu pendant ces vacances?

너 이번 휴가 동안 뭐 해?

Ce restaurant est sympa.

이 식당은 분위기가 좋아요.

Cet appartement est ancien.

이 아파트는 오래됐어요.

Cette robe est jolie.

이 원피스는 예뻐요.

Ces chaussures sont démodées.

이 신발은 촌스러워요.

ATTENTION!

모음 또는 무음h 로 시작하는 남성 단수형 명사 앞에서는 cet 를 사용한다. 이것은 모음충돌을 피하기 위함이다.

cet été (올여름), cet hiver (올겨울), cet homme (이 남자), cet appartement (이 아파트), cet hôtel (이 호텔) 등

지시대명사
ce / ça / cela

- **ce** : 지시형용사이자, 지시대명사로 사용한다. c'est / ce sont 의 문장으로 자주 사용한다. 지시대명사로 사용할 때, 사물 또는 사람을 가리키지만 cette 나 ces 로 성수 일치하지 않는다.
- **ça** : 사물을 가리키는 지시대명사로 '이것', '저것', '그것'의 의미로 사용한다.
- **cela** : 사물을 가리키는 지시대명사로 ça 의 동의어이다.

EXEMPLES

C'est mon adresse e-mail.	이건 제 이메일 주소예요.
Ce sont mes collègues.	이분들은 제 회사 동료들이에요.
Ça coûte cher.	이건 가격이 비싸요.
= Cela coûte cher.	
Je n'aime pas ça.	저 이거 안 좋아해요.
= Je n'aime pas cela.	
Je vais prendre ça.	저 이걸로 할게요.
= Je vais prendre cela.	

언어는 본능이 아니다.

소유형용사
(Les adjectifs possessifs)

소유형용사란 소유를 통해 명사를 한정짓는 형용사로 명사에 따라 성수 일치한다. 말하고자 하는 명사의 성수에 따라 소유형용사를 일치시킨다.

〈소유형용사의 형태와 용법〉

인칭	뜻	남성 단수형	여성 단수형	복수형
je	나의	mon	ma	mes
tu	너의	ton	ta	tes
il, elle	그의/그녀의	son	sa	ses
nous	우리의	notre		nos
vous	당신의	votre		vos
ils, elles	그들의, 그녀들의	leur		leurs

EXEMPLES

être à + 사람 : ～의 것이다.

C'est à toi ce portable?
Oui, c'est mon portable.
남성 단수 소유형용사　남성 단수 명사

이 휴대전화 네 것이야?
응, 내 휴대전화야.

C'est à toi cette tablette?
Oui, c'est ma tablette.

이 태블릿 네 것이야?
응, 내 태블릿이야.

Ce sont à toi ces chaussures?
Oui, ce sont mes chaussures.

이 신발 네 것이야?
응, 내 신발이야.

ATTENTION!

모음이나 무음h 로 시작하는 여성 단수형 명사 앞에서는 mon, ton, son 을 사용한다. 이것은 모음충돌을 피하기 위함이다.

mon amie(나의 친구), ton amie(너의 친구), son amie(그/그녀의 친구)
mon école(나의 학교), ton école(너의 학교), son école(그/그녀의 학교)
mon adresse(나의 주소), ton adresse(너의 주소), son adresse(그/그녀의 주소) 등

95

C'est / Il est 의 차이

1) C'est / Ce sont

① 사람이나 사물을 소개하는 목적으로 사용한다. 보통, 소개하는 첫 문장에서 사용한다.
② C'est + 한정사(관사/소유형용사 등) + 명사의 구문으로 자주 사용한다.
③ C'est 는 날짜, 요일 등을 표현한다.
④ 가격을 표현한다.

EXEMPLES

Qui est-ce?	이 사람 누구예요?
C'est mon ami. (o)	얘는 제 친구예요.
→ Il est mon ami. (x)	
C'est ma cousine. (o)	얘는 제 사촌이에요.
→ Elle est ma cousine. (x)	
Qu'est-ce que c'est?	이건 뭐예요?
C'est un livre de français. (o)	이건 프랑스어 책이에요.
→ Il est un livre de français. (x)	
C'est une carte de crédit. (o)	이건 신용카드예요.
→ Elle est une carte de crédit. (x)	
Demain, c'est mardi.	내일은 화요일이에요.
Mon anniversaire, c'est le 18 décembre.	제 생일은 12월 18일이에요.
C'est trois euros.	이건 3 유로입니다.

2) Il est / Elle est / Ils sont / Elles sont

① 사람이나 사물을 묘사하는 목적으로 사용한다. 보통, 앞서 나온 명사를 받아서 다음
문장에서 사용한다.

② 직업, 국적, 형용사 등을 표현한다.

③ Il est 는 시간을 표현한다.

EXEMPLES

C'est Chris. Il est anglais et chanteur.
이 사람은 크리스예요. 그는 영국인이고, 가수입니다.

C'est ma tablette. Elle est chère.
이건 제 태블릿이에요. 이건 비싸요.

Il est minuit. Il est tard.
자정입니다. 시간이 늦었어요.

C'est Maxime. C'est mon cousin. Il est sympa.
얘는 막심이고 제 사촌이에요. 착해요.

C'est Marie. C'est ma petite copine. Elle est sympa.
얘는 마리이고 제 여자친구예요. 착해요.

Ce sont mes neveux. Ils sont adorables.
얘네들은 제 조카들이에요. 사랑스러워요.

🎧 8-2

Les vacances scolaires en France

En France, l'année scolaire commence au début du mois de septembre, on appelle ce moment : la rentrée des classes. Les premières vacances arrivent à la fin du mois d'octobre. Les élèves et leurs professeurs ont deux semaines de repos.

Il y a ensuite les vacances de Noël. Noël est une fête très importante en Europe. La famille se réunit. On voit ses parents, ses frères, ses grands-parents et ses cousins. En tout, il y a près de deux semaines de vacances.

En hiver, il y a les vacances d'hiver, ces vacances sont différentes des vacances de Noël. Elles se passent au mois de février pendant deux semaines. Beaucoup de Français vont faire du ski.

Après les vacances d'hiver, il y a les vacances de printemps. C'est au mois de mars et ce sont les dernières vacances avant la fin de l'année scolaire.

VOCABULAIRE	
scolaire	학교의
début	초, 시작
appeler	부르다, 명명하다
moment	시간, 시기
rentrée	개학
fin	말, 끝
au mois de	~달에
élève	학생
repos	휴식
ensuite	그리고 나서
important	중요한
se réunir	모이다
parents	부모님
frère	형제
grands-parents	조부모님
cousin	사촌
près de	~에 근접한
se passer	(시간이) 지나다
pendant	~동안
après	이후에
dernier / dernière	지난, 마지막의
avant	이전에

프랑스 방학

프랑스에서 학년은 9월 초에 시작하며, 이 시기를 학교 개학이라고 부른다. 첫 번째 방학은 10월 말에 있다. 학생들과 선생님들은 2주간의 휴식을 갖는다.

그 다음에는 크리스마스 방학이 있다. 크리스마스는 유럽에서 아주 중요한 축제이다. 가족이 모이고, 부모님, 형제들, 조부모님 그리고 친척들을 만난다. 다 해서, 약 2주간의 방학이 있다.

겨울에는 겨울방학이 있는데, 이 방학은 크리스마스 방학과 다르다. 겨울방학은 2월에 2주 동안 진행된다. 많은 프랑스인들이 스키를 타러 간다.

겨울방학 다음에는 봄방학이 있다. 봄방학은 3월에 있으며, 학년이 끝나기 전의 마지막 방학이다.

반복이 언어 성장의 힘이다.

1 지시형용사를 사용하여 빈칸을 채워 보세요.

❶ On va rester une semaine dans _____ hôtel.

❷ J'aime bien _____ actrice. Elle joue tellement bien.

❸ Il fait plus chaud _____ année que l'année dernière.

❹ On part à la montagne _____ hiver.

❺ _____ enfants sont tellement adorables.

2 소유형용사를 사용하여 빈칸을 채워 보세요.

❶ C'est la tablette de mon ami. C'est _____ tablette.

❷ C'est l'agenda de ma fille. C'est _____ agenda.

❸ Ce sont les copains de mes enfants. Ce sont _____ copains.

❹ Quelle est _____ adresse e-mail, Nicolas?

❺ Quels sont _____ loisirs, madame?

듣기

경청은 지혜의 특권이다.

Écoute

🎧 8-3

녹음을 듣고 문장을 써 보세요.

① _____

② _____

③ _____

④ _____

⑤ _____

1 다음 문장을 지시형용사를 사용하여 프랑스어로 써 보세요.

① 저는 <u>이번 주말</u>에 일이 많아요.

_____

② 저는 <u>이번 여름</u>에 휴가를 안 가요.

_____

③ <u>이 아파트</u>는 오래됐어요.

_____

2 다음 문장을 소유형용사를 사용하여 프랑스어로 써 보세요.

① 이분은 <u>저의 프랑스어 선생님</u>이에요. 그는 친절해요.

_____

② 이 사람은 <u>제 남자친구</u>예요. 그는 한국인이에요.

_____

③ 얘네들은 <u>제 조카들</u>이에요. 그들은 사랑스러워요.

_____

말하기

말할 권리를 절대 옹호한다.

Expression orale

1 다음 문장을 한국어로 번역하고, 소유형용사를 사용하여 긍정문으로 대답을 쓰고 말해 보세요.

① C'est à vous ce livre de français?

번역 _____

Oui, _____

② C'est à vous cet ordinateur?

번역 _____

Oui, _____

③ Ce sont à vous ces chaussures?

번역 _____

Oui, _____

2 다음 문장을 한국어로 번역하고, 소유형용사를 사용하여 대답을 쓰고 말해 보세요.

① Quel est votre adresse e-mail?

번역 _____

대답 _____

② Quelle est votre date de naissance?

번역 _____

대답 _____

③ Quels sont vos livres préférés?

번역 _____

대답 _____

Leçon 09

Aie une pensée positive!

긍정적인 생각을 가져!

🎧 9-1

Julie	Qu'est-ce que je dois faire pour être en forme?
Marc	Est-ce que tu manges des légumes et fruits?
Julie	Non, je n'en mange pas beaucoup.
Marc	Alors, mange beaucoup de légumes et de fruits tous les jours. Quelle est ta boisson préférée?
Julie	J'adore le café.
Marc	Mais évite le café le soir. Et bois beaucoup d'eau. Est-ce que tu dors bien?
Julie	Non, je ne dors pas bien. Parce que j'ai beaucoup de travail et je suis stressée.
Marc	Va te coucher avant minuit et aie une pensée positive!
Julie	Merci pour tes conseils!
Marc	De rien!

VOCABULAIRE

être en forme
건강하다, 컨디션이 좋다

légume 채소

fruit 과일

boisson 음료

préféré 선호하는

éviter 피하다, 삼가다

eau 물

stressé 스트레스 받는

aller se coucher
자러 가다

avant 이전에

minuit 자정

aie avoir 동사의 2인칭 단수 명령문

pensée 생각

positif / positive
긍정적인

conseil 조언, 충고

쥴리	건강하기 위해서 내가 뭘 해야 할까?
마크	너 채소와 과일을 먹어?
쥴리	아니, 많이 안 먹어.
마크	그러면 매일 채소와 과일을 많이 먹도록 해. 좋아하는 음료는 뭐야?
쥴리	커피를 아주 좋아해.
마크	하지만 저녁에는 커피를 삼가고 물을 많이 마셔. 잠은 잘 자니?
쥴리	아니, 잘 못 자. 일이 많고 스트레스를 받고 있어서 그래.
마크	자정 전에 자러 가고, 긍정적인 생각을 가져봐!
쥴리	조언 고마워!
마크	천만에!

명령문
(L'impératif)

명령문이란 상대방에게 '~해', '~하세요'라고 명령, 부탁, 지시, 조언을 하거나 '~하자'라고 청유하는 문장을 말한다.

1 명령문의 형태와 용법

1) 주어 없이 tu, nous, vous 인칭의 동사 변화로 말한다.

2) 1군 동사와 aller 동사의 명령문은 tu 인칭의 동사 끝 's'를 생략한다.

3) être, avoir, vouloir, savoir 동사의 명령문은 불규칙 형태이다.

EXEMPLES 1

동사원형	현재 변화 (~한다)	긍정 명령문 (~해 / ~하자 / ~하세요)	부정 명령문 (~하지 마 / ~하지 말자 / ~하지 마세요)
parler 말하다	Tu parles Nous parlons Vous parlez	Parle Parlons Parlez	Ne parle pas Ne parlons pas Ne parlez pas
choisir 선택하다	Tu choisis Nous choisissons Vous choisissez	Choisis Choisissons Choisissez	Ne choisis pas Ne choisissons pas Ne choisissez pas
aller 가다	Tu vas Nous allons Vous allez	Va Allons Allez	Ne va pas N'allons pas N'allez pas
faire 하다	Tu fais Nous faisons Vous faites	Fais Faisons Faites	Ne fais pas Ne faisons pas Ne faites pas
se dépêcher 서두르다	Tu te dépêches Nous nous dépêchons Vous vous dépêchez	Dépêche-toi Dépêchons-nous Dépêchez-vous	Ne te dépêche pas Ne nous dépêchons pas Ne vous dépêchez pas
être ~이다	Tu es Nous sommes Vous êtes	Sois Soyons Soyez	Ne sois pas Ne soyons pas Ne soyez pas

avoir 가지다	Tu as Nous avons Vous avez	Aie Ayons Ayez	N'aie pas N'ayons pas N'ayez pas
vouloir 원하다	Tu veux Nous voulons Vous voulez	Veuille Voulons Veuillez	Ne veuille pas Ne voulons pas Ne veuillez pas
savoir 알다	Tu sais Nous savons Vous savez	Sache Sachons Sachez	Ne sache pas Ne sachons pas Ne sachez pas

EXEMPLES 2

동사 원형	반말	존댓말
parler	Parle lentement. 천천히 말해.	Parlez lentement. 천천히 말씀해 주세요.
choisir	Choisis ton style. 너의 스타일을 골라 봐.	Choisissez votre style. 당신의 스타일을 골라 보세요.
aller	Va te coucher. 자러 가.	Allez vous coucher. 자러 가세요.
faire	Fais comme moi. 나처럼 해 봐.	Faites comme moi. 저처럼 해 보세요.
prendre	Prends ma main. 내 손을 잡아.	Prenez ma main. 제 손을 잡으세요.
attendre	Attends un instant. 잠시 기다려.	Attendez un instant. 잠시 기다려 주세요.
avoir	Aie une pensée positive. 긍정적인 생각을 가져.	Ayez une pensée positive. 긍정적인 생각을 가지세요.
être	Sois à l'heure. 제 시간에 와. (시간 잘 지켜.)	Soyez à l'heure. 제 시간에 오세요. (시간 잘 지키세요.)
savoir	Sache que tu es précieux. 네가 소중하다는 것을 알아둬.	Sachez que vous êtes précieux. 당신은 소중하다는 것을 알아두세요.

ATTENTION!

① 상대방에게 부탁할 때 s'il te plaît (반말), s'il vous plaît (존댓말)를 붙이면 더 공손한 표현이 된다.

② vouloir 동사의 명령문 veuillez ~ s'il vous plaît 는 '~해 주시기 바랍니다'의 의미로 사용되는 매우 공손한 표현으로 안내 방송이나 안내 문구 등에서 자주 볼 수 있다. 보통, 'veuillez + 동사원형'으로 문장을 활용한다.

Veuillez présenter votre passeport, s'il vous plaît.
여권을 제시해 주시기 바랍니다.

Veuillez nous excuser pour la gêne occasionnée.
불편에 대해 용서를 구합니다(불편을 드려 죄송합니다).

2 명령문의 긍정문과 부정문

1) 부정 명령문은 동사의 앞, 뒤에 ne ~ pas 를 붙여 말한다.

2) 긍정 명령문에서 대명사인 me, te 는 동사 뒤에 위치하며 moi, toi 로 변화한다.

평서문	긍정문	부정문
Tu manges. 먹다.	Mange! 먹어!	Ne mange pas! 먹지 마!
Tu choisis. 선택하다.	Choisis! 선택해!	Ne choisis pas! 선택하지 마!
Tu vas. 가다.	Va! 가!	Ne va pas! 가지 마!
Tu attends. 기다리다.	Attends! 기다려!	N'attends pas! 기다리지 마!
Tu te lèves. 일어나다.	Lève-toi! 일어나!	Ne te lève pas! 일어나지 마!
Vous vous levez. 일어나다.	Levez-vous! 일어나세요!	Ne vous levez pas! 일어나지 마세요!

🎧 9-2

Recette des crêpes

Ingrédients pour 4 personnes

- 250 grammes de farine
- 4 œufs
- Un demi-litre de lait
- Une pincée de sel
- Deux cuillères à soupe de sucre
- 50 grammes de beurre fondu

Mettez la farine dans un grand bol.
Versez le sel et le sucre.
Faites un puit au milieu et versez-y les œufs.
Mélangez le tout.
Ajoutez le lait froid petit à petit.
Ajoutez le beurre fondu et mélangez bien.
Faites cuire les crêpes dans une poêle chaude.
Laissez cuire environ une minute de chaque côté.

크레페 요리법

4인분 재료

밀가루 250g, 달걀 4개, 우유 1/2리터, 소금 한 꼬집, 설탕 2 큰술, 녹은 버터 50g

밀가루를 큰 그릇에 넣어 주세요.
설탕과 소금을 부어 주세요.
가운데에 작은 구멍을 만들고 달걀을 부어 주세요.
전부 섞어 주세요.
차가운 우유를 조금씩 넣어 주세요.
녹은 버터를 넣고 잘 섞어 주세요.
뜨거운 프라이팬에 크레페를 구워 주세요.
양쪽 면을 약 1분 동안 익도록 두세요.

VOCABULAIRE	
recette	요리법
crêpe	크레페
ingrédient	재료
farine	밀가루
œuf	달걀
litre	(단위) 리터
lait	우유
pincée	소량, 꼬집
sel	소금
cuillère	숟가락
sucre	설탕
gramme	(단위) 그램
beurre	버터
fondu	녹은
mettre	놓다, 넣다
verser	붓다
puit	웅덩이, 구멍
au milieu	가운데
ajouter	첨가하다
petit à petit	조금씩
mélanger	혼합하다
cuire	익히다, 굽다
poêle	프라이팬
laisser	내버려두다
environ	대략
chaque	각각의
côté	한쪽 면, 옆면

Exercices

반복이 언어 성장의 힘이다.

1 다음 문장을 긍정 명령문으로 바꿔 보세요.

① Tu fermes la porte.

_____

② Tu finis ton travail.

_____

③ Tu te réveilles.

_____

④ Vous vous reposez bien.

_____

⑤ Vous avez une pensée positive.

_____

2 다음 문장을 부정 명령문으로 바꿔 보세요.

① Tu ne fumes pas.

_____

② Tu ne parles pas trop vite.

_____

③ Tu ne fais pas comme moi.

_____

④ Tu ne vas pas te coucher trop tard.

_____

⑤ Vous n'êtes pas triste.

_____

🔊 경청은 지혜의 특권이다.

Écoute

🎧 9-3

녹음을 듣고 문장을 써 보세요.

❶ _____

❷ _____

❸ _____

❹ _____

❺ _____

Écriture

1 다음 문장을 긍정 명령문을 사용하여 프랑스어로 써 보세요.

❶ 천천히 말해 줘.

반말 _____

천천히 말씀해 주세요.

존댓말 _____

❷ 잠시 기다려 줘.

반말 _____

잠시 기다려 주세요.

존댓말 _____

❸ 서둘러.

반말 _____

서두르세요.

존댓말 _____

2 다음 문장을 부정 명령문을 사용하여 프랑스어로 써 보세요.

① 담배를 피우지 마.

반말 _____

담배를 피우지 마세요.

존댓말 _____

② 많이 먹지 마.

반말 _____

많이 먹지 마세요.

존댓말 _____

③ 슬퍼하지 마.

반말 _____

슬퍼하지 마세요.

존댓말 _____

Expression orale

말할 권리를 절대 옹호한다.

말하기

다음 동사를 사용하여 긍정 명령문 또는 부정 명령문으로 만들고 말해 보세요.

❶ manger : _____

❷ éviter : _____

❸ faire : _____

❹ aller : _____

❺ être : _____

Leçon 10

Je te rappelle plus tard.

내가 나중에 다시 연락할게.

1
Tu me regardes.
네가 나를 본다.

2
Regarde-moi !
나를 봐!

3
Ne me regarde pas !
나를 쳐다보지 마!

4
Tu me parles.
네가 나에게 말한다.

5
Parle-moi !
나에게 말해봐!

6
Ne me parle pas !
나에게 말하지 마!

인류는 소통하였기에 생존하였다.

🎧 10-1

Activité 1

Julie　Je ne comprends pas.

Marc　Bon alors, je te répète.

Activité 2

Julie　Allô, c'est Julie. Je te dérange?

Marc　Je suis occupé maintenant. Je te rappelle plus tard.
Vraiment désolé!

Activité 3

Julie　Tu téléphones souvent à tes parents?

Marc　Non, pas souvent. Je leur téléphone une fois par semaine.
Mais ils viennent souvent me voir.

Activité 4

Julie　C'est bientôt l'anniversaire de ma fille.

Marc　Qu'est-ce que tu vas lui offrir comme cadeau?

Julie　Je vais lui acheter des livres.

VOCABULAIRE	
alors 그러면, 그래서	
répéter 반복하다	
déranger 방해하다	
occupé 바쁜	
maintenant 지금, 현재	
rappeler 다시 연락하다	
souvent 자주	
venir 오다	
voir 보다	
bientôt 곧	
offrir 제공하다, 주다	
comme ~로, ~로서	
cadeau 선물	
acheter 사다	

쥴리　나는 이해가 안 돼.

마크　좋아, 그러면 내가 다시 말해줄게.

쥴리　여보세요, 나 쥴리야. 내가 방해하는 건가?

마크　지금 바빠. 내가 나중에 다시 연락할게. 정말 미안해!

쥴리　너는 부모님께 자주 전화드리니?

마크　아니, 자주 안 해. 일주일에 한 번 전화드려. 그런데 부모님이 날 보러 자주 오셔.

쥴리　곧 내 딸의 생일이야.

마크　딸한테 선물로 뭐 줄 거야?

쥴리　책을 사줄 거야.

직접/간접목적어 대명사
(Les pronoms COD/COI)

직접목적어 대명사는 무엇일까?

전치사 없이 동사 뒤에 나오는 명사를 '직접목적어'라 하며, '〜을/〜를'로 해석한다. 앞서 나온 명사가 다음 문장에서 직접목적어로 반복되는 것을 피하기 위해 사용하는 것을 '직접목적어 대명사'라 한다.

간접목적어 대명사는 무엇일까?

전치사 à 다음에 사람이 나오는 명사를 '간접목적어'라 하며, '〜에게'로 해석한다. 앞서 나온 명사가 다음 문장에서 간접목적어로 반복되는 것을 피하기 위해 사용하는 것을 '간접목적어 대명사'라 한다.

1 목적어와 목적어 대명사

EXEMPLES

Amélie **aime** **Julien**.
　　　타동사　직접목적어

아멜리는 쥴리앙을 사랑한다.

→ Amélie **l'**aime.
　　　직접목적어 대명사

아멜리는 그를 사랑한다.

Je **connais** **Julien**.
　　타동사　　직접목적어

나는 쥴리앙을 알고 있다.

→ Je **le** connais.
　　직접목적어 대명사

나는 그를 알고 있다.

Amélie **parle** à **Julien**.
　　　타동사　간접목적어

아멜리는 쥴리앙에게 말한다.

→ Amélie **lui** parle.
　　　간접목적어 대명사

아멜리는 그에게 말한다.

Je **téléphone** à **Julien**.
　　타동사　　　간접목적어

나는 쥴리앙에게 전화한다.

→ Je **lui** téléphone.
　　간접목적어 대명사

나는 그에게 전화한다.

2 직접/간접목적어 대명사의 형태와 용법

인칭대명사	je	tu	il, elle	nous	vous	ils, elles
직접목적어 대명사 (사람, 사물)	me 나를	te 너를	le, la 그/그녀를, 그것을	nous 우리를	vous 당신을	les 그들을, 그것들을
간접목적어 대명사 (사람)	me 나에게	te 너에게	lui 그/그녀에게	nous 우리에게	vous 당신에게	leur 그들에게

1) 대명사는 동사의 현재 변화 앞에 위치한다.

2) 조동사 + 동사원형의 구문에서 대명사는 동사원형 앞에 위치한다.

3) 직접목적어 대명사 me, te, le, la 는 모음이나 무음h 로 시작하는 동사 앞에서 축약해서 m', t', l' 로 사용한다.

4) 간접목적어 대명사 lui 는 모음이나 무음h 로 시작하는 동사 앞에서 축약하지 않는다.

EXEMPLES 1

직접목적어 대명사 (~를)	간접목적어 대명사 (~에게)

Il me regarde.
그는 나를 본다.

Il me parle.
그는 나에게 말한다.

Il te regarde.
그는 너를 본다.

Il te parle.
그는 너에게 말한다.

Il la regarde.
그는 그녀를/그것을 본다.

Il lui parle.
그는 그/그녀에게 말한다.

Il nous regarde.
그는 우리를 본다.

Il nous parle.
그는 우리에게 말한다.

Il vous regarde.
그는 당신을 본다.

Il vous parle.
그는 당신에게 말한다.

Il les regarde.
그는 그들을/그것들을 본다.

Il leur parle.
그는 그들에게 말한다.

EXEMPLES 2

Q   Est-ce que tu regardes la télé?   너는 텔레비전을 보고 있니?

R   Oui, je la regarde.   응, 그것을 보고 있어.
    Non, je ne la regarde pas.   아니, 그것을 보지 않아.

Q   Est-ce que tu connais Marie et Marc?   너는 마리와 마크를 알아?

R   Oui, je les connais.   응, 걔네들 알아.
    Non, je ne les connais pas.   아니, 걔네들 몰라.

Q   Est-ce que tu parles à Marc?   너는 마크에게 말하는 거야?

R   Oui, je lui parle.   응, 그에게 말하고 있어.
    Non, je ne lui parle pas.   아니, 그에게 말하지 않아.

Q   Est-ce que tu téléphones à tes parents?   너는 부모님께 전화드리니?

R   Oui, je leur téléphone.   응, 그들에게 전화드려.
    Non, je ne leur téléphone pas.   아니, 그들에게 전화드리지 않아.

3 조동사 + 동사원형 구문에서 대명사의 위치

 +

| aller vouloir pouvoir devoir | + | 직접목적어 대명사 or 간접목적어 대명사 | + | 동사원형 |

EXEMPLES

긍정문	부정문
Je vais t'aider. 널 도와줄게.	Je ne vais pas t'aider. 널 도와주지 않을 거야.
Je veux t'aider. 널 도와주고 싶어.	Je ne veux pas t'aider. 널 도와주고 싶지 않아.
Je peux t'aider. 널 도와줄 수 있어.	Je ne peux pas t'aider. 널 도와줄 수 없어.
Je dois t'aider. 널 도와줘야 해.	Je ne dois pas t'aider. 널 도와주면 안 돼.

4 대명사의 명령문

1) 대명사는 긍정 명령문에서 동사 뒤에 위치하며 me, te 는 moi, toi 로 형태가 변화한다.

2) 대명사는 부정 명령문에서 동사 앞에 위치한다.

평서문	긍정 명령문	부정 명령문
Tu me regardes. 너는 나를 본다.	Regarde-moi. 나 좀 봐!	Ne me regarde pas. 나를 보지 마.
Tu m'appelles. 너는 나에게 연락한다.	Appelle-moi. 나에게 연락해.	Ne m'appelle pas. 나에게 연락하지 마.
Tu lui demandes. 너는 그/그녀에게 물어본다.	Demande-lui. 그/그녀에게 물어봐.	Ne lui demande pas. 그/그녀에게 묻지 마.
Tu leur parles. 너는 그들에게 말한다.	Parle-leur. 그들에게 말해.	Ne leur parle pas. 그들에게 말하지 마.

Lecture

🎧 10-2

Un courriel

Salut,

Comment ça va? Les vacances approchent et j'aimerais bien te voir! Tu ne connais pas bien Paris alors je te propose de passer quelques jours chez moi. On peut visiter ensemble des musées, la tour Eiffel, des théâtres, des parcs. Et je connais quelques bons restaurants.

Réponds-moi vite et fais ta réservation pour venir.

Si tu veux, tu peux m'appeler. Je suis chez moi vers 20 heures.

Je t'embrasse,
Matthieu

▸ VOCABULAIRE

courriel 전자 우편, 이메일

approcher 다가오다

connaître 알다

proposer 제안하다

quelques 몇몇

réservation 예약

venir 오다

si 만약

chez (~의) 집에

vers (시간) ~쯤

embrasser
포옹하다, 키스하다

이메일

안녕,

어떻게 지내고 있어? 휴가가 다가오고 있네. 너를 보고 싶어! 너는 파리를 잘 모르니까 우리집에서 며칠 보내기를 제안해. 우리는 박물관, 에펠탑, 극장, 공원들을 같이 구경할 수 있어. 그리고 내가 좋은 식당 몇 군데를 알고 있어.

빨리 답해 줘, 그리고 오기 위해서 예약을 해.

원한다면 나한테 연락해도 돼. 저녁 8시쯤에 집에 있어.

안녕,

마튜

1 밑줄 친 단어를 직접목적어 대명사와 간접목적어 대명사로 구분해 보세요.

① Je veux **te** voir. _____

② Tu peux **me** donner ton numéro? _____

③ Elle veut **lui** parler. _____

④ On **vous** aime. _____

⑤ Vous pouvez **m'**aider? _____

2 직접목적어 대명사와 간접목적어 대명사를 사용하여 빈칸을 채워 보세요.

① A Est-ce que tu connais **le numéro de Théo**?

　 B Non, je ne _____ connais pas.

② A Tu invites **Céline et Marie** à ton anniversaire?

　 B Oui, je _____ invite. Elles vont venir chez moi vendredi soir.

③ A Qu'est-ce que tu vas offrir **à ton petit ami** comme cadeau?

　 B Je vais _____ acheter des chaussures de sport.

④ A Cette jupe vous va très bien, madame.

　 B Oui, j'aime beaucoup **cette jupe**. Je vais _____ prendre. Où est la caisse?

⑤ A **Céline** est absente aujourd'hui?

　 B Je ne sais pas. Je vais _____ téléphoner.

Écoute

🎧 10-3

녹음을 듣고 문장을 프랑스어로 써 보세요.

❶ _____

❷ _____

❸ _____

❹ _____

❺ _____

1 다음 문장을 긍정 명령문으로 써 보세요.

> Tu me regardes. → Regarde-moi!

❶ Tu m'aides. → _____

❷ Tu nous parles. → _____

❸ Tu m'appelles. → _____

❹ Vous les essayez. → _____

❺ Vous lui demandez. → _____

2 다음 문장을 부정문으로 써 보세요.

> Je t'aime. → Je ne t'aime pas.

❶ Je le connais. → _____

❷ Tu me déranges. → _____

❸ Je veux le voir. → _____

❹ Je peux vous aider. → _____

❺ On doit lui parler. → _____

말하기

말할 권리를 절대 옹호한다.

Expression orale

다음 문장을 한국어로 번역하고, 직접/간접목적어 대명사를 사용하여 대답을 쓰고 말해 보세요.

❶ Voyez-vous souvent vos amis?

번역 _____

대답 _____

❷ Aimez-vous les animaux?

번역 _____

대답 _____

❸ Combien de fois téléphonez-vous à vos parents par semaine?

번역 _____

대답 _____

❹ Qu'est-ce que vous offrez à votre ami(e) comme cadeau d'anniversaire?

번역 _____

대답 _____

❺ Voulez-vous visiter le musée du Louvre?

번역 _____

대답 _____

Leçon 11

Là, on pourra goûter des spécialités locales.

우리는 거기에서 지역 특산물을 맛볼 수 있을 거야.

핵심 문법 표현

1 Je vais au cinéma ce soir.
저는 오늘 저녁에 영화관에 갈 거예요.

2 Je vais aller au cinéma ce soir.
저는 오늘 저녁에 영화관에 갈 거예요.

3 S'il fait beau demain, j'irai au parc.
내일 날씨가 좋으면, 저는 공원에 갈 거예요.

🎧 11-1

Laure et Thomas vont partir en vacances à Séoul.

Laure	Enfin, on part à Séoul la semaine prochaine. J'ai vraiment hâte!
Thomas	Oui, moi aussi. Qu'est-ce que'on va faire le premier jour? On arrivera vers 9 heures du matin à l'aéroport.
Laure	Alors, on a beaucoup de temps à visiter. Il y a un marché traditionnel près de notre hôtel.
Thomas	Bon, alors on va visiter le marché le premier jour. On pourra goûter des spécialités locales.
Laure	Je veux visiter aussi les palais et les vieux quartiers. Là, on pourra louer une tenue traditionnelle.
Thomas	C'est bien! Je vais chercher plus d'informations sur Internet.

VOCABULAIRE

avoir hâte 기대하다, 고대하다

arriver 도착하다

vers ~쯤에

aéroport 공항

marché 시장

traditionnel 전통의

goûter 맛보다

spécialité 특산물

local 지역의

palais 궁, 궁전

vieux 오래된

quartier 동네

louer 빌리다

tenue 의복, 복장

chercher 찾다

information 정보

sur ~위에, ~에

로르와 토마는 서울로 휴가를 떠날 예정입니다.

로르	드디어, 우리 다음주에 서울에 가는구나. 정말 기대돼!
토마	응, 나도 그래. 우리 첫째 날에 뭐 할까? 공항에 오전 9시쯤 도착할 거야.
로르	그래서 관광할 시간이 많아. 우리 호텔 근처에 전통시장이 있어.
토마	좋아, 그러면 첫째 날에 시장을 방문하자. 지역 특산물을 맛볼 수 있을 거야.
로르	궁이랑 오래된 동네도 관광하고 싶어. 거기서 전통의상을 빌릴 수 있을 거야.
토마	좋아! 내가 인터넷에서 더 많은 정보를 찾아볼게.

Grammaire

근접 미래 (Le futur proche)

근접 미래란 가까운 미래에 일어날 확실성이 있는 행동을 표현하거나 원인 또는 이유가 있는 일에 대한 결과를 말하는 미래 시제이다.

1 근접 미래의 형태

> aller 동사의 현재 변화 + 동사원형

EXEMPLES

parler 말하다	finir 끝내다	aller 가다
je vais parler	je vais finir	je vais aller
tu vas parler	tu vas finir	tu vas aller
il, elle, on va parler	il, elle, on va finir	il, elle, on va aller
nous allons parler	nous allons finir	nous allons aller
vous allez parler	vous allez finir	vous allez aller
ils, elles vont parler	ils, elles vont finir	ils, elles vont aller
avoir 가지다	**être** ~이다	**se lever** 일어나다
je vais avoir	je vais être	je vais me lever
tu vas avoir	tu vas être	tu vas te lever
il, elle, on va avoir	il, elle, on va être	il, elle, on va se lever
nous allons avoir	nous allons être	nous allons nous lever
vous allez avoir	vous allez être	vous allez vous lever
ils, elles vont avoir	ils, elles vont être	ils, elles vont se lever

2 근접 미래의 용법

1) 가까운 미래에 일어날 확실성이 있는 행동을 표현한다.

2) 원인 또는 이유가 있는 일에 대한 결과를 표현한다.

EXEMPLES

현재	근접 미래
Je mange. 먹다.	J'ai faim. Je vais manger. 배고파요. 밥 먹을 거예요.
Je dors. 자다.	J'ai sommeil. Je vais dormir. 졸려요. 잘 거예요.
Je me repose. 쉬다.	Je suis fatigué. Je vais me reposer. 피곤해요. 쉴 거예요.
Le train part. 기차가 출발한다.	Dépêchez-vous! Le train va partir. 서두르세요! 기차가 출발할 거예요.
Il pleut. 비가 온다.	Le ciel est couvert. Il va pleuvoir. 하늘이 흐려요. 비가 올 거예요.
J'ai vingt ans. 나는 스무살이다.	Je vais avoir vingt ans demain. 저는 내일 스무살이 돼요.

3 근접 미래의 구어체

구어체에서 미래를 나타내는 시간의 표현을 사용할 경우, 현재 동사변화를 이용해서 미래를 표현하기도 한다.

EXEMPLES

Je vais au cinéma ce soir.	저는 오늘 저녁에 영화관에 갈 거예요.
Mardi prochain, je pars en vacances.	저는 다음주 화요일에 휴가를 떠나요.
Qu'est-ce qu'on fait demain?	우리 내일 뭐 할까?

Grammaire

단순 미래
(Le futur simple)

단순 미래란 가깝거나 먼 미래에 일어날 일, 미래에 대한 가정이나 예상 등을 표현하는 미래 시제이다.

1 단순 미래의 형태

1) 1, 2군 동사는 동사원형 + 단순 미래의 어미(ai, as, a, ons, ez, ont)를 붙여 만든다.

2) e 로 끝난 3군 동사는 e 를 빼고 어미(ai, as, a, ons, ez, ont)를 붙여 만든다.

3) être, avoir, aller, faire, vouloir, pouvoir, devoir 등의 단순 미래는 불규칙 형태이다.

EXEMPLES

parler 말하다	se laver 씻다	finir 끝내다
je parlerai	je me laverai	je finirai
tu parleras	tu te laveras	tu finiras
il, elle, on parlera	il, elle, on se lavera	il, elle, on finira
nous parlerons	nous nous laverons	nous finirons
vous parlerez	vous vous laverez	vous finirez
ils, elles parleront	ils, elles se laveront	ils, elles finiront
partir 떠나다	**prendre 타다·쥐다**	**être ~이다**
je partirai	je prendrai	je serai
tu partiras	tu prendras	tu seras
il, elle, on partira	il, elle, on prendra	il, elle, on sera
nous partirons	nous prendrons	nous serons
vous partirez	vous prendrez	vous serez
ils, elles partiront	ils, elles prendront	ils, elles seront
avoir 가지다	**aller 가다**	**faire 하다**
j'aurai	j'irai	je ferai
tu auras	tu iras	tu feras
il, elle, on aura	il, elle, on ira	il, elle, on fera
nous aurons	nous irons	nous ferons
vous aurez	vous irez	vous ferez
ils, elles auront	ils, elles iront	ils, elles feront

vouloir 원하다	pouvoir 할 수 있다	devoir 해야 한다
je voudrai	je pourrai	je devrai
tu voudras	tu pourras	tu devras
il, elle, on voudra	il, elle, on pourra	il, elle, on devra
nous voudrons	nous pourrons	nous devrons
vous voudrez	vous pourrez	vous devrez
ils, elles voudront	ils, elles pourront	ils, elles devront

2 단순 미래의 용법

1) 가깝거나 먼 미래에 일어날 일을 표현한다.

2) 미래에 대한 가정이나 예상 등을 표현한다.

EXEMPLES

현재	단순 미래
Maintenant, je suis à Séoul. 저는 지금 서울에 있어요.	L'année prochaine, je serai à Paris. 저는 내년에 파리에 있을 거예요.
Aujourd'hui, il fait beau. 오늘 날씨가 좋아요.	La semaine prochaine, il fera chaud. 다음주에는 날씨가 더울 거예요.
Le week-end, je sors. 저는 주말에 외출해요.	S'il fait beau demain, je sortirai. 만약에 내일 날씨가 좋으면 저는 외출할 거예요.
Maintenant, je suis étudiant. 저는 현재 학생이에요.	Quand je serai grand, je serai professeur de français. 저는 크면 프랑스어 선생님이 될 거예요.

ATTENTION!

경우에 따라서 근접 미래와 단순 미래를 구분하지 않고 사용하기도 한다.

EXEMPLES

Cet été, je vais aller en Italie.	이번 여름에 이탈리아에 갈 거예요.
Cet été, j'irai en Italie.	이번 여름에 이탈리아에 갈 거예요.

Lecture

언어는 질서 속에 짜여진 무늬이다.

🎧 11-2

Les projets des vacances en Italie

Je partirai en vacances en Italie l'été prochain. Ce sera ma première visite en Italie. Je voyagerai seul et je resterai trois jours à Rome et deux jours à Venise. Je séjournerai dans un hôtel du centre ville de Rome. Je pourrai facilement visiter des sites touristiques très célèbres comme le Colisée, le Panthéon, la Fontaine de Trévi, la place d'Espagne et le Vatican. Il y aura beaucoup de monde car le mois de juillet est la période des vacances d'été. En juillet, il fera trop chaud en Italie, les températures pourront atteindre les 40 degrés. Je prendrai donc des vêtements légers et des lunettes de soleil. L'Italie est le pays des pâtes, des pizzas et des crèmes glacées. Je goûterai tout ça.

VOCABULAIRE

prochain 다음의

seul 혼자

rester 머무르다

séjourner 체류하다

centre ville 도심

facilement 쉽게

car 왜냐하면

période 기간

température 온도

atteindre 도달하다

donc 따라서, 그래서

vêtement 옷

léger 가벼운

lunettes de soleil 선글라스

pays 국가, 나라

pâte 파스타

crème glacée 아이스크림

goûter 맛보다

이탈리아 휴가 계획

저는 내년 여름에 이탈리아로 휴가를 갈 거예요. 저의 첫 이탈리아 관광이 될 겁니다. 혼자 여행을 할 거고 로마에서 3일, 베니스에서 2일을 있을 거예요. 로마 도심에 있는 호텔에 묵을 예정입니다. 콜로세움, 판테온, 트레비 분수, 스페인 광장과 바티칸 같은 매우 유명한 관광지를 쉽게 방문할 수 있을 거예요. 7월은 여름휴가 기간이기 때문에 사람이 많을 거예요. 이탈리아는 7월에 날씨가 굉장히 덥고 온도가 40도에 이를 수 있습니다. 그래서 저는 가벼운 옷과 선글라스를 가져갈 거예요. 이탈리아는 파스타, 피자 및 아이스크림의 나라입니다. 저는 이 모든 것을 맛볼 거예요.

131

1 다음 문장을 근접 미래로 바꿔 보세요.

> Je finis mon devoir. → Je vais finir mon devoir.

① Nous arrivons à l'heure.

→ _____

② Ils partent au Viêt-Nam.

→ _____

③ J'ai vingt ans.

→ _____

④ Je me couche à minuit.

→ _____

⑤ Qu'est-ce que vous faites?

→ _____

2 단순 미래를 사용하여 빈칸을 채워 보세요.

① L'année prochaine, j'_____ (aller) en France pour mes études.

② La semaine prochaine, il _____ (faire) plus froid.

③ Si j'ai du temps, je_____ (partir) en vacances au Canada.

④ S'il fait beau demain, on _____ (aller) au parc.

⑤ Quand je _____ (être) grand, je _____ (être) cuisinier.

녹음을 듣고 빈칸을 채워 보세요.

❶ Allez, vite, vite! _____ !

❷ Dépêche-toi. _____ !

❸ L'été prochain, _____ en Corée du Sud.

❹ Désolé, je suis occupé maintenant. _____ dans une heure.

❺ Cette année, _____ beaucoup plus chaud que l'année dernière.

1   다음 문장을 근접 미래를 사용하여 프랑스어로 써 보세요.

❶ 나 피곤해. 집에서 쉴 거야.

_____

❷ 나 졸려. 잘 거야.

_____

❸ 오늘 저녁에 비가 올 거야.

_____

2   다음 문장을 단순 미래를 사용하여 프랑스어로 써 보세요.

❶ 만약 내일 날씨가 좋으면, 나는 외출할 거야.

_____

❷ 나는 크면, 배우가 될 거야.

_____

❸ 나는 내년에 파리에 갈 거야.

_____

Expression orale

말할 권리를 절대 옹호한다.

다음 문장을 한국어로 번역하고, 단순 미래를 사용하여 대답을 쓰고 말해 보세요.

1 Où partirez-vous en vacances cette année?

번역 _____

대답 _____

2 Avec qui partirez-vous là-bas?

번역 _____

대답 _____

3 Combien de jours passerez-vous là-bas?

번역 _____

대답 _____

4 Que visiterez-vous là-bas?

번역 _____

대답 _____

5 Que mangerez-vous là-bas?

번역 _____

대답 _____

Je suis déjà allé à Paris.

나는 파리에 가본 적이 있어.

핵심
문법
표현

1 J'ai mangé un croissant au petit-déjeuner.
저는 아침 식사로 크루아상을 먹었어요.

2 Je suis déjà allé à Paris.
저는 파리에 가본 적이 있어요.

3 Je me suis levé tard.
저는 늦게 일어났어요.

4 J'ai appris le français pendant un an.
저는 일 년 동안 프랑스어를 배웠어요.

Conversation

인류는 소통하였기에 생존하였다.

🎧 12-1

Emma	Tu parles français?
Jaemin	Oui, un peu.
Emma	Où est-ce que tu as appris le français?
Jaemin	Je l'ai appris au lycée pendant trois ans et j'ai quelques amis français.
Emma	Tu parles bien!
Jaemin	Merci.
Emma	Est-ce que tu es déjà allé en France?
Jaemin	Oui, plusieurs fois. Dernièrement, je suis allé à Paris pour assister au mariage d'un ami.
Emma	Super! C'est un ami français?
Jaemin	Oui, je l'ai rencontré en Corée. On a travaillé dans la même entreprise et on est devenus amis!

VOCABULAIRE

appris
(apprendre 동사의 과거분사)
배우다

lycée 고등학교

pendant ~동안

déjà 이미, 벌써

plusieurs 여러

dernièrement 최근에

assister 참석하다

mariage 결혼, 결혼식

rencontrer 만나다

même 같은

entreprise 회사

devenu
(devenir 동사의 과거분사)
~가 되다

엠마	너 프랑스어를 할 줄 알아?
재민	응, 조금.
엠마	프랑스어를 어디에서 배웠어?
재민	고등학교에서 3년 동안 배웠고 프랑스 친구들이 몇 명 있어.
엠마	너 잘한다!
재민	고마워.
엠마	프랑스에 가본 적 있어?
재민	응, 여러 번 가봤어. 최근에는 친구 결혼식에 참석하러 파리에 갔었어.
엠마	우와! 프랑스 친구야?
재민	응, 걔를 한국에서 만났어. 우리는 같은 회사에서 근무했고 친구가 되었어!

복합 과거
(Le passé composé)

복합 과거란 과거에 완료된 행동이나 사건을 표현하는 시제로 '~했다'라고 해석한다.

1 복합 과거의 형태

1) 왕래발착 동사와 대명 동사의 복합 과거는 être 현재 변화 + 과거분사로 만든다.

Je suis Tu es Il, Elle, On est Nous sommes Vous êtes Ils, Elles sont	+	과거분사

〈왕래발착 동사〉

aller	venir	sortir	partir
가다	오다	나가다	출발하다, 떠나다
arriver	entrer	rentrer	retourner
도착하다	들어가다, 들어오다	되돌아가다, 되돌아오다	돌아오다
rester	passer	descendre	monter
머무르다, 지내다	지나가다	내려가다	올라가다
tomber	devenir	naître	mourir
떨어지다, 넘어지다	~가 되다	태어나다	죽다

EXEMPLES

동사원형	현재 변화	복합 과거
arriver	J'arrive	Je suis arrivé
aller	Je vais	Je suis allé
entrer	J'entre	Je suis entré

2) 왕래발착 동사와 대명 동사를 제외한 나머지 동사의 복합 과거는 avoir 현재 변화 + 과거분사로 만든다.

> J'ai
> Tu as
> Il, Elle, On a
> Nous avons
> Vous avez
> Ils, Elles ont

\+ 과거분사

travailler	étudier	manger	rencontrer	acheter
일하다	공부하다	먹다	만나다	사다
voyager	visiter	finir	choisir	être
여행하다	방문하다, 구경하다	마치다	선택하다	이다
avoir	faire	voir	prendre	apprendre
가지다	하다	보다	먹다, 마시다, 타다	배우다
comprendre	attendre	vouloir	pouvoir	devoir
이해하다	기다리다	원하다	할 수 있다	해야 한다

EXEMPLES

동사원형	현재 변화	복합 과거
manger	Je mange	J'ai mangé
travailler	Je travaille	J'ai travaillé
finir	Je finis	J'ai fini

2 과거분사의 형태

1) 1군 동사의 과거분사 : 동사원형 끝의 er 을 빼고 é 를 붙인다.

뜻	동사원형	과거분사
말하다	parler	parlé
일하다	travailler	travaillé

2) 2군 동사의 과거분사 : 동사원형 끝의 r 을 뺀다.

뜻	동사원형	과거분사
끝내다	finir	fini
고르다	choisir	choisi

3) 3군 동사의 과거분사 : 형태가 불규칙적이다.

뜻	동사원형	과거분사	복합 과거
~이다	être	été	j'ai été
가지다	avoir	eu	j'ai eu
하다	faire	fait	j'ai fait
타다	prendre	pris	j'ai pris
배우다	apprendre	appris	j'ai appris
이해하다	comprendre	compris	j'ai compris
기다리다	attendre	attendu	j'ai attendu
듣다	entendre	entendu	j'ai entendu
대답하다	répondre	répondu	j'ai répondu
분실하다	perdre	perdu	j'ai perdu
내리다	descendre	descendu	je suis descendu
원하다	vouloir	voulu	j'ai voulu
받다	recevoir	reçu	j'ai reçu
할 수 있다	pouvoir	pu	j'ai pu

해야 한다	devoir	dû	j'ai dû
보다	voir	vu	j'ai vu
마시다	boire	bu	j'ai bu
읽다	lire	lu	j'ai lu
비가 오다	pleuvoir (3인칭 단수 변화만 존재)	plu	il a plu
말하다	dire	dit	j'ai dit
쓰다	écrire	écrit	j'ai écrit
자다	dormir	dormi	j'ai dormi
떠나다	partir	parti	je suis parti
나가다	sortir	sorti	je suis sorti
오다	venir	venu	je suis venu
~가 되다	devenir	devenu	je suis devenu
태어나다	naître	né	je suis né
죽다	mourir	mort	je suis mort

3 복합 과거의 긍정문과 부정문

1) 일반 동사의 복합 과거

현재	복합 과거 긍정문	복합 과거 부정문
일하다	일했다	일하지 않았다
Je travaille	J'ai travaillé	Je n'ai pas travaillé
Tu travailles	Tu as travaillé	Tu n'as pas travaillé
Il, Elle, On travaille	Il, Elle, On a travaillé	Il, Elle, On n'a pas travaillé
Nous travaillons	Nous avons travaillé	Nous n'avons pas travaillé
Vous travaillez	Vous avez travaillé	Vous n'avez pas travaillé
Ils, Elles travaillent	Ils, Elles ont travaillé	Ils, Elles n'ont pas travaillé

2) 왕래발착 동사의 복합 과거

현재	복합 과거 긍정문	복합 과거 부정문
도착하다	도착했다	도착하지 않았다
J'arrive	Je suis arrivé	Je ne suis pas arrivé
Tu arrives	Tu es arrivé	Tu n'es pas arrivé
Il arrive	Il est arrivé	Il n'est pas arrivé
Elle arrive	Elle est arrivée	Elle n'est pas arrivée
On arrive	On est arrivés	On n'est pas arrivés
Nous arrivons	Nous sommes arrivés	Nous ne sommes pas arrivés
Vous arrivez	Vous êtes arrivés	Vous n'êtes pas arrivés
Ils arrivent	Ils sont arrivés	Ils ne sont pas arrivés
Elles arrivent	Elles sont arrivées	Elles ne sont pas arrivées

3) 대명 동사의 복합 과거

현재	복합 과거 긍정문	복합 과거 부정문
일어나다	일어났다	일어나지 않았다
Je me lève	Je me suis levé	Je ne me suis pas levé
Tu te lèves	Tu t'es levé	Tu ne t'es pas levé
Il se lève	Il s'est levé	Il ne s'est pas levé
Elle se lève	Elle s'est levée	Elle ne s'est pas levée
On se lève	On s'est levés	On ne s'est pas levés
Nous nous levons	Nous nous sommes levés	Nous ne nous sommes pas levés
Vous vous levez	Vous vous êtes levés	Vous ne vous êtes pas levés
Ils se lèvent	Ils se sont levés	Ils ne se sont pas levés
Elles se lèvent	Elles se sont levées	Elles ne se sont pas levées

4 과거분사의 성수 일치

être + 과거분사로 복합 과거를 만들 때, 주어에 따라서 과거분사를 성수 일치한다.

1) arriver(도착하다) 동사

Je suis arrivé.	(주어가 남성 단수형일 때)
Je suis arrivée.	(주어가 여성 단수형일 때)
Nous sommes arrivés.	(주어가 남성 복수형일 때)
Nous sommes arrivées.	(주어가 여성 복수형일 때)

2) se lever(일어나다) 동사

Je me suis levé.	(주어가 남성 단수형일 때)
Je me suis levée.	(주어가 여성 단수형일 때)
Nous nous sommes levés.	(주어가 남성 복수형일 때)
Nous nous sommes levées.	(주어가 여성 복수형일 때)

🎧 12-2

Victor Hugo

Victor Hugo est un poète, écrivain, romancier et aussi une personnalité politique.

Il est né à Besançon le 26 fevrier 1802. Pendant son adolescence, il a habité à Paris avec sa mère. En 1817 et en 1819, il a participé aux concours de poésie et il a gagné des prix littéraires. Après, il a continué à écrire et il a eu beaucoup de succès. Il a écrit des romans comme «Notre-Dame de Paris», il a aussi écrit pour un journal. Sa vie a changé après la mort de sa fille en 1843. Il a décidé de faire de la politique. Il est devenu député en 1848, mais il a dû fuir la France en 1851. Il a écrit des livres contre le gouvernement de Napoléon 3. Pendant cette époque-là, il a écrit «les Misérables» et «L'Homme qui rit». Il est rentré en France en 1870 et il est mort en 1885.

VOCABULAIRE	
poète 시인	
écrivain 작가	
romancier 소설가	
personnalité 인물	
politique 정치, 정치의	
adolescence 청소년기	
participer 참가하다	
concours 콩쿠르, 대회	
gagner 얻다	
prix 상	
littéraire 문학의	
succès 성공	
député 국회의원, 하원의원	
fuir 도망가다	
contre ~에 반대하여	
gouvernement 정부	
époque 시대	

빅토르 위고

빅토르 위고는 시인, 작가, 소설가이자 정치가이다.

그는 1802년 2월 26일 브장송에서 태어났다. 청소년기 동안 그는 어머니와 함께 파리에서 살았다. 1817년과 1819년에 그는 시 콩쿠르에 참여하여 문학상을 수상했다. 그 후 그는 계속해서 글을 썼고 많은 성공을 거두었다. 그는 《노트르담 드 파리》와 같은 소설을 썼으며 신문에도 글을 썼다. 그의 삶은 1843년 그의 딸의 사망 후에 바뀌었다. 그는 정치를 하기로 결정했다. 1848년 하원의원이 되었지만 1851년 프랑스를 떠나야 했다. 그는 나폴레옹 3세 정부에 반대하는 책을 쓰기도 했다. 이 기간 동안 그는 《레 미제라블》과 《웃는 남자》를 썼다. 그는 1870년 프랑스로 돌아왔고 1885년에 사망했다.

Exercices

1 다음 문장을 복합 과거로 바꿔 보세요.

> Je travaille.   →   J'ai travaillé.

❶ Je visite le musée du Louvre.

→ _____

❷ Je finis mon travail.

→ _____

❸ Je prends mon petit-déjeuner à 8 heures.

→ _____

❹ J'apprends le français.

→ _____

❺ Tu vois ce film.

→ _____

❻ Il part en voyage d'affaires.

→ _____

❼ Nous faisons du vélo.

→ _____

❽ Je vais au concert.

→ _____

❾ Elle naît à Paris.

→ _____

❿ Je me couche tard.

→ _____

2 다음 문장을 부정문으로 바꿔 보세요.

❶ J'ai mangé.

→ _____

❷ Tu as fini.

→ _____

❸ Vous avez compris.

→ _____

❹ Elles sont arrivées.

→ _____

❺ Il s'est levé.

→ _____

Écoute

경청은 지혜의 특권이다.

🎧 12-3

녹음을 듣고 빈칸을 채워 보세요.

L'année dernière, _____ à Paris. _____

une semaine là-bas. _____ beaucoup de monuments célèbres à Paris.

_____ le musée du Louvre et le musée d'Orsay.

_____ dans le parc des Tuileries.

Et _____ à Versailles pour visiter le château.

Malheureusement, ce jour-là, _____ le matin et l'après-midi. Ensuite,

_____ dans un bon restaurant. Le dernier jour,

_____ des cadeaux pour ma famille et mes amis.

_____ cette ville.

다음 문장을 괄호 안의 동사를 사용하여 복합 과거로 써 보세요.

① 저는 아침 식사로 크루아상을 먹었어요. (manger)

_____

② 저는 프랑스에 가본 적이 있어요. (aller)

_____

③ 저는 프랑스어를 일 년 동안 배웠어요. (apprendre)

_____

④ 저는 오늘 아침에 늦게 일어났어요. (se lever)

_____

⑤ 저는 12월 1일에 태어났어요. (naître)

_____

다음 문장을 한국어로 번역하고, 복합 과거로 대답을 쓰고 말해 보세요.

❶ Où êtes-vous né(e)?

번역 _____

대답 _____

❷ Quand êtes-vous né(e)?

번역 _____

대답 _____

❸ Où avez-vous appris le français?

번역 _____

대답 _____

❹ Êtes-vous déjà allé(e) en France?

번역 _____

대답 _____

❺ Qu'avez-vous fait le week-end dernier?

번역 _____

대답 _____

Leçon

13

Tu étais comment quand tu étais petit?

너는 어렸을 때 어땠어?

핵심
문법
표현

1

J'étais calme et curieux.

저는 조용하고 호기심이 많았어요.

2

J'allais à Nice tous les été.

저는 매년 여름마다 니스에 갔었어요.

3

Quand j'avais six ans, j'habitais au Canada.

저는 여섯 살 때 캐나다에 살았어요.

인류는 소통하였기에 생존하였다.

🎧 13-1

Laure	Tu étais comment quand tu étais petit?
Patric	J'étais calme et curieux.
Laure	Est-ce que tu aimais lire?
Patric	Oui, j'aimais lire des bandes dessinées et des romans de science-fiction.
Laure	Tu avais un animal de compagnie?
Patric	Oui, j'avais un chat.
Laure	Il était comment?
Patric	Il était blanc et tellement mignon.

VOCABULAIRE

calme 조용한

curieux 호기심 많은

lire 읽다

bande dessinée 만화

roman 소설

science-fiction 공상과학

animal de compagnie 반려동물

blanc 하얀색

tellement 아주, 매우

mignon 귀여운

로르	너는 어릴 때 어땠어?
파트릭	조용하고 호기심이 많았어.
로르	독서를 좋아했어?
파트릭	응, 만화책과 공상과학 소설을 읽는 것을 좋아했어.
로르	반려동물이 있었어?
파트릭	응, 고양이가 한 마리 있었어.
로르	그 고양이는 어떻게 생겼었어?
파트릭	하얀색이었고 아주 귀여웠어.

반과거
(L'imparfait)

반과거란 과거에서 묘사, 습관, 진행 중인 행동이나 사건을 표현할 때 사용하는 시제이다. 보통 '~였었다', '~하곤 했다' 등으로 해석한다.

1 반과거의 형태

nous의 현재 동사변화 어간 (동사변화 끝의 ons 를 뺀 형태)	+	ais ais ait ions iez aient

EXEMPLES

동사원형	nous 의 현재 변화	반과거
aimer 좋아하다	nous aimons	j'aimais tu aimais il, elle, on aimait nous aimions vous aimiez ils, elles aimaient
finir 마치다	nous finissons	je finissais tu finissais il, elle, on finissait nous finissions vous finissiez ils, elles finissaient
avoir 가지다	nous avons	j'avais tu avais il, elle, on avait nous avions vous aviez ils, elles avaient

aller 가다	nous allons	j'allais tu allais il, elle, on allait nous allions vous alliez ils, elles allaient
faire 하다	nous faisons	je faisais tu faisais il, elle, on faisait nous faisions vous faisiez ils, elles faisaient
prendre 타다, 잡다	nous prenons	je prenais tu prenais il, elle, on prenait nous prenions vous preniez ils, elles prenaient
vouloir 원하다, 바라다	nous voulons	je voulais tu voulais il, elle, on voulait nous voulions vous vouliez ils, elles voulaient
se lever 일어나다	nous nous levons	je me levais tu te levais il, elle on se levait nous nous levions vous vous leviez ils, elles se levaient
être 이다, 있다	une seule exception 예외	j'étais tu étais il, elle, on était nous étions vous étiez ils, elles étaient

2 반과거의 용법

1) 과거의 사람, 사물, 장소 등을 묘사한다.

Quand j'étais petit, j'étais calme et curieux.
저는 어렸을 때, 조용하고 호기심이 많았어요.

Mon chat était tellement mignon.
제 고양이는 아주 귀여웠어요.

2) 과거의 습관을 표현한다.

Tous les matins, je me levais à 7 heures.
저는 매일 아침 7시에 일어나곤 했어요.

J'allais à Nice tous les été.
저는 매년 여름마다 니스에 갔었어요.

3) 과거의 시간, 나이 등을 묘사한다.

J'avais dix ans en 2000.
2000년에 저는 열 살이었어요.

Il était 8 heures du matin.
오전 8시였어요.

4) 과거에 완료되지 않고 진행 중인 행동을 표현한다.

J'ai fait le ménage pendant que mon père cuisinait.
아빠가 요리를 하고 있는 동안 저는 청소를 했어요.

J'ai terminé le travail pendant que tu faisais ton devoir.
네가 과제를 하고 있는 동안 나는 그 일을 끝냈어.

3 반과거와 복합 과거의 차이

- 반과거 : 과거에서 묘사, 습관, 지속성을 표현한다.
- 복합 과거 : 과거에서 완료된 행동, 사건을 표현한다.

EXEMPLES

반과거	복합 과거
Avant, j'allais souvent au cinéma. 예전에 영화관에 자주 가곤 했다.	Hier, je suis allé au cinéma. 어제 영화관에 갔다.
Tous les étés, j'allais à la mer. 매년 여름마다 바다에 가곤 했다.	L'été dernier, je suis allé à la mer. 작년 여름에 바다에 갔다.
Avant, je faisais du sport tous les jours. 예전에 매일 운동을 하곤 했다.	Hier, j'ai fait du sport. 어제 운동을 했다.
Avant, je prenais le bus pour aller au travail. 예전에 출근할 때 버스를 타곤 했다.	Hier, j'ai pris le bus pour aller au travail. 어제 출근할 때 버스를 탔다.
Avant, je me levais tard. 예전에 늦게 일어나곤 했다.	Hier, je me suis levé tard. 어제 늦게 일어났다.
En 2010, j'avais vingt ans. 2010년에 나는 스무 살이었다.	Hier, j'ai eu vingt ans. 나는 어제 스무 살이 되었다.

🎧 13-2

La vie à Séoul et à Paris

Avant j'habitais à Séoul et l'année dernière, j'ai emménagé à Paris pour mon travail. Au début, c'était difficile la vie à Paris. Parce que je ne parlais pas bien français, je n'avais pas d'amis. Mais maintenant j'ai des amis français. Quand j'étais à Séoul, je prenais le métro pour aller au travail mais ici, je prends le bus ou je marche quand il fait beau. À Séoul, je finissais à 18 h 30 au travail mais ici, je finis un peu plus tôt. En Corée, on travaille 52 heures par semaine mais en France, il y a les 35 heures. Pour la nourriture, j'aimais manger des plats épicés en Corée mais ici, je mange des plats plus gras, plus sucrés et je bois souvent du vin. Il y a beaucoup de différences entre Séoul et Paris mais j'adore les deux villes!

VOCABULAIRE

emménager 이사하다

au début 초반에, 처음에

difficile 어려운, 힘든

vie 인생, 생활

maintenant 지금, 현재

marcher 걷다

un peu 약간

les 35 heures
프랑스의 주 35시간 근로제도

nourriture 음식

épicé 양념이 된, 매운

gras 기름진

sucré (맛이) 단

difference 차이

entre A et B A와 B 사이에

adorer 매우 좋아하다

ville 도시

서울과 파리에서의 생활

저는 이전에는 서울에 살았고 작년에 일 때문에 파리로 이사왔어요. 처음에는 파리 생활이 힘들었죠. 프랑스어를 잘하지 못했고 친구가 없었어요. 하지만 지금은 프랑스 친구들이 있어요. 서울에 있었을 때는 출근할 때 지하철을 타곤 했지만 여기서는 버스를 타거나 날씨가 좋을 때에는 걸어요. 서울에서는 저녁 6시 30분에 퇴근했지만 여기서는 조금 더 일찍 마쳐요. 한국에서 주 52시간 일하지만 프랑스에는 주 35시간 제도가 있어요. 음식의 경우, 한국에서는 매운 요리를 먹는 걸 좋아했지만 여기서는 더 기름지고, 더 단 음식을 먹고 와인을 자주 마셔요. 서울과 파리 사이에는 많은 차이점이 있지만, 저는 두 도시를 매우 사랑해요!

Exercices

반복이 언어 성장의 힘이다.

1 반과거를 사용하여 빈칸을 채워 보세요.

① Avant, je _____ (fumer) beaucoup mais maintenant je ne fume plus.

② Quand j'_____ (être) petit, j'_____ (être) timide.

③ J'_____ (avoir) un chien, il _____ (être) tellement mignon.

④ Tous les matins, il _____ (se lever) à la même heure.

⑤ Tous les étés, on _____ (partir) à la mer.

2 복합 과거와 반과거를 구분하여 빈칸을 채워 보세요.

① Quand j'_____ (être) enfant, je _____ (habiter) en Chine.

② Quand je _____ (arriver) à la gare, il _____ (être) midi et demi.

③ Hier, nous _____ (rencontrer) Monsieur Dupont. Il _____

(porter) un manteau noir.

④ Le film Parasite de Bon Jun-ho _____ (sortir) en 2019 en France.

⑤ Hier, ma mère _____ (faire) une tarte aux fraises pour moi.

Elle _____ (être) tellement délicieuse!

🎧 13-3

녹음을 듣고 빈칸을 채워 보세요.

❶ Où habitais-tu quand _____ 10 ans?

❷ Avant, _____ souvent au cinéma.

❸ L'année dernière, _____ à Marseille. _____ très beau.

❹ Quand _____ petit, _____ un chat très mignon.

❺ Avant, _____ beaucoup les films d'action.

Écriture

쓰기는 의식을 재구조화한다.

다음 문장을 괄호 안의 동사를 사용하여 반과거로 써 보세요.

1 저는 예전에 담배를 피웠어요. (fumer)

_____

2 저는 매 주말마다 영화관에 가곤 했어요. (aller)

_____

3 2000년에 저는 열 살이었어요. (avoir)

_____

4 저는 매일 자전거를 타곤 했어요. (faire)

_____

5 저는 어렸을 때 호기심이 많았어요. (être)

_____

다음 문장을 한국어로 번역하고, 반과거로 대답을 쓰고 말해 보세요.

> Racontez votre enfance. (여러분의 어린시절을 이야기해 보세요.)

① Comment étiez-vous quand vous étiez petit(e)?

번역 _____

대답 _____

② Aimiez-vous lire?

번역 _____

대답 _____

③ Aviez-vous un animal de compagnie?

번역 _____

대답 _____

④ Où habitiez-vous?

번역 _____

대답 _____

⑤ Passiez-vous beaucoup de temps avec vos grands-parents?

번역 _____

대답 _____

Leçon 14

C'est quoi le mot de passe Wifi?

와이파이 비밀번호가 뭐예요?

핵심 문법 표현 ❗

1 Je suis en vacances de lundi à vendredi.
저는 월요일부터 금요일까지 휴가예요.

2 Je travaille du lundi au vendredi.
저는 월요일부터 금요일까지 근무해요.

3 J'apprends le français depuis un an.
저는 일 년 전부터 프랑스어를 배우고 있어요.

인류는 소통하였기에 생존하였다.

Conversation

🎧 14-1

Activité 1

Client　Le musée est ouvert tous les jours?

Employée　Non, c'est ouvert du mardi au vendredi, de 10 heures à 18 heures.

Client　D'accord. Merci, madame.

Activité 2

Laure　Je vais faire du shopping demain. Tu veux venir avec moi?

Marc　D'accord. Qu'est-ce que tu veux acheter?

Laure　J'ai besoin d'un tee-shirt en coton et des chaussures de sport.

Marc　Bien. Je vais venir avec toi.

Activité 3

Cliente　Est-ce qu'il y a du Wifi ici?

Employé　Oui, mais ce n'est pas du Wifi gratuit.

Cliente　Ça va. C'est quoi le mot de passe?

Employé　C'est noté devant la porte d'entrée.

Cliente　Merci, monsieur.

손님　박물관이 매일 여나요?

직원　아니요, 화요일부터 금요일 오전 10시부터 저녁 6시까지 엽니다.

손님　알겠습니다. 감사합니다.

로르　나 내일 쇼핑하러 갈 거야. 나랑 같이 갈래?

마크　알았어. 뭐 사고 싶어?

로르　면 티셔츠와 운동화가 필요해.

마크　좋아. 내가 같이 갈게.

손님　여기에 와이파이가 있나요?

직원　네, 그런데 무료 와이파이는 아닙니다.

손님　괜찮아요. 비밀번호가 뭐예요?

직원　입구 앞에 써 있습니다.

손님　감사합니다.

Grammaire

전치사
(les prépositions)

전치사는 명사나 대명사 앞에 사용하여 시간, 장소, 수단, 목적, 방법 등을 표현한다.

1 à

1) (시간) ~에

J'ai rendez-vous à midi et demi.　　　　　저는 12시 반에 약속이 있어요.

2) (장소) ~에

Je suis déjà allé à Rome.　　　　　저는 로마에 가본 적이 있어요.

3) (사람) ~에게

J'ai dit bonjour à Monsieur Fabien.　　　　　파비앙 씨에게 인사를 했어요.

4) (용도) ~용

un sac à main　　　　　손가방
un sac à dos　　　　　배낭

5) (목적) ~할

Il y a beaucoup de choses à voir à Séoul.　　서울에는 볼거리가 많아요.

2 de

1) ~의

C'est le mot de passe Wifi.　　　　　이건 와이파이 비밀번호예요.

2) (장소) ~로부터

Elle vient de France.　　　　　그녀는 프랑스 출신이에요.

3) ~에 대해서

Parlez-moi de vous.　　　　　본인에 대해 말씀해 주세요.

4) 수, 양의 표현

Je mange beaucoup de légumes.　　　　　저는 채소를 많이 먹어요.

3 en

1) (월, 연도 앞에서) ~에

Je suis né en 1995.

저는 1995년에 태어났어요.

Je suis né en décembre.

저는 12월에 태어났어요.

2) (여성형 국가 앞에서) ~에

J'ai étudié en France.

저는 프랑스에서 공부했어요.

3) (언어) ~로

Pouvez-vous me parler en coréen?

한국어로 말씀해 주시겠어요?

4) (교통수단) ~로

Je vais au travail en bus.

저는 버스로 출근해요.

5) (상태) ~중인

Je suis en vacances.

저는 휴가 중이에요.

6) (재료) ~로 된

un sac en plastique

비닐봉투

un tee-shirt en coton

면 티셔츠

7) (결제수단) ~로 (수단이 현금일 때)

Je vais payer en espèces. / en liquide.

현금으로 결제할게요.

4 pour

1) (장소) ~로, ~행

Je voudrais un billet pour Nice, s'il vous plaît.

니스행 표 한 장 주세요.

2) (사람, 사물) ~를 위한

J'ai acheté un bouquet de fleurs pour toi.

너를 위한 꽃다발을 샀어.

3) (목적) ~하기 위해

Je fais beaucoup de sport pour être en forme.

저는 건강하기 위해 운동을 많이 해요.

4) (기간 예정) ~로

J'aimerais réserver une chambre pour le 3 juillet.

7월 3일 날짜로 방 하나를 예약하고 싶습니다.

5 par

1) (결제수단) ~로 (수단이 카드 또는 수표일 때)

Je vais payer par carte de crédit.   신용카드로 결제할게요.

2) (단위) ~마다

Je mange deux fois par jour.   저는 하루에 두 번 식사해요.

6 dans

1) (장소) ~안에

Les enfants jouent dans le jardin.   아이들이 공원에서 놀고 있어요.

2) (미래의 시점) ~후에

Je vais aller à Paris dans un mois.   저는 한 달 후에 파리에 가요.

7 sur

1) ~위에

J'ai vu cette vidéo sur Internet.   이 영상을 인터넷에서 봤어요.

2) ~에 관해

C'est un film sur la France.   이것은 프랑스에 관한 영화예요.

3) ~중에

C'est ouvert 24 heures sur 24.   여기는 24시간 문을 열어요.

8 chez

1) ~집에

Je suis chez moi.   저는 집에 있어요.

2) (직업명과 함께) ~에

Je vais chez le dentiste.   저는 치과에 가요.

3) ~국가에

Chez nous, on mange avec des baguettes.   우리나라에서는 젓가락으로 먹어요.

*baguette ① 바게트 빵 ② 젓가락 ③ 막대기

165

9 après (〜후에)

Je rentre à la maison après le travail.   저는 일을 마친 후에 집으로 돌아가요.

Je me couche après minuit.   저는 자정 넘어서 자러 가요.

10 avant (〜전에)

Je prends un café avant le travail.   저는 업무 전에 커피를 한 잔 마셔요.

Je me couche avant minuit.   저는 자정 전에 자러 가요.

11 depuis (〜이후로)

J'apprends le français depuis un an.   저는 일 년 전부터 프랑스어를 배우고 있어요.

J'habite à Paris depuis 2018.   저는 2018년부터 파리에 살고 있어요.

12 pendant (〜동안)

Je fais du jogging pendant une heure.   저는 한 시간 동안 조깅을 해요.

J'ai étudié à Paris pendant un an.   저는 일 년 동안 파리에서 공부했어요.

13 de ~ à (〜부터 〜까지)

Je travaille de 9 heures à 18 heures.   저는 9시부터 저녁 6시까지 근무해요.

Je travaille du lundi au vendredi.   저는 월요일부터 금요일까지 근무해요.

Je travaille du 2 au 15 juin.   저는 6월 2일부터 15일까지 근무해요.

ATTENTION!

Je suis en vacances de lundi à vendredi.
저는 월요일부터 금요일까지 휴가예요. (일회성의 표현)

Je travaille du lundi au vendredi.
저는 매주 월요일부터 금요일까지 근무해요. (지속성의 표현/매주)

Lecture

언어는 질서 속에 짜여진 무늬이다.

🎧 14-2

Les fêtes en France

Le jour de l'An est le premier jour de l'année. On célèbre avec les amis ou avec la famille. On se souhaite une bonne année.

Le 2 février, c'est la Chandeleur, une fête religieuse. Le jour symbolise également l'arrivée du printemps. On fait et on mange des crêpes.

Entre le 22 mars et le 25 avril, il y a les Pâques. C'est la fête religieuse. Les parents cachent des œufs coloriés dans le jardin et les enfants doivent les trouver.

Le premier mai, c'est la fête du Travail. On ne travaille pas ce jour. Les Français s'offrent du muguet.

Le 14 juillet, c'est la grande fête nationale. Il y a un feu d'artifice et un grand défilé militaire sur les Champs-Élysées.

Le 25 décembre, c'est Noël. Noël est la fête de la naissance de Jésus. Et aussi c'est la grande fête familiale en France. Les enfants attendent des cadeaux du Père Noël. On fait une décoration d'un sapin de Noël et on prend un dîner en famille.

VOCABULAIRE

fête 축제, 파티

se souhaiter 서로 기원하다

religieux / religieuse 종교의

cacher 숨기다

œuf 달걀

colorié(e) 색칠한

trouver 찾다

s'offrir 서로 주다

muguet 은방울꽃

feu d'artifice 불꽃놀이

défilé militaire 군사 행진

naissance 탄생, 출생

familial(e) 가족의

attendre 기다리다

cadeau 선물

Père Noël 산타클로스

décoration 장식

sapin de Noël 크리스마스 트리

prendre un dîner 저녁식사를 하다

프랑스 축제

새해는 일 년의 첫 번째 날이다. 친구나 가족들과 기념하며 서로 좋은 한 해를 기원한다.

2월 2일은 종교 축제인 성촉절이다. 이 날은 봄의 시작을 상징하기도 한다. 크레페를 만들어서 먹는다.

3월 22일과 4월 25일 사이에는 부활절이 있다. 이 날은 종교 축제날이다. 부모님들은 정원에 색칠한 달걀을 숨기고 아이들은 그 달걀을 찾아야 한다.

5월 1일은 노동절이다. 이 날은 일하지 않는다. 프랑스인들은 서로 은방울꽃을 선물한다.

7월 14일은 큰 국가적 축제이다. 샹젤리제 거리에서 불꽃놀이와 군대 퍼레이드가 있다.

12월 25일은 크리스마스이다. 크리스마스는 예수의 탄생 기념일이다. 또한 프랑스에서 큰 가족 행사이기도 하다. 아이들은 산타클로스의 선물을 기다린다. 크리스마스 트리를 장식하고 가족끼리 저녁식사를 한다.

1 알맞은 전치사를 골라 빈칸을 채워 보세요.

pendant après en pour à

① J'ai rendez-vous très important _____ midi et demi.

② J'ai travaillé _____ trois ans mais je ne travaille plus.

③ _____ décembre, il y a la fête de Noël.

④ Normalement je rentre à la maison _____ le travail. Parce que je suis trop fatigué.

⑤ Je voudrais réserver une chambre _____ demain soir s'il vous plaît.

2 알맞은 전치사를 골라 빈칸을 채워 보세요.

pour par sur chez de

① Je voudrais deux kilos _____ pommes s'il vous plaît.

② Je recherche des informations _____ Internet.

③ Je voudrais un aller simple _____ Strasbourg, s'il vous plaît.

④ Je mange au fast-food deux fois _____ mois.

⑤ J'ai mal aux dents. Je dois aller _____ le dentiste.

Écoute

경청은 지혜의 특권이다.

14-3

녹음을 듣고 빈칸을 채워 보세요.

① Le musée ouvert _____,

_____.

② Je vais payer _____.

③ C'est quoi _____?

④ Tu veux _____?

⑤ Il y a _____ à Séoul.

169

다음 문장을 다양한 전치사를 사용하여 프랑스어로 써 보세요.

① 저는 <u>오전 9시부터 저녁 6시까지</u> 근무해요.

_____

② 저는 <u>월요일부터 금요일까지</u> 휴가예요.

_____

③ 저는 <u>1월 1일부터 5일까지</u> 휴가예요.

_____

④ 저는 프랑스어를 <u>5년 동안</u> 배웠어요.

_____

⑤ 저는 <u>2015년부터</u> 파리에 살고 있어요.

_____

다음 문장을 한국어로 번역하고, 전치사를 사용하여 대답을 쓰고 말해 보세요.

1 De quelle heure à quelle heure travaillez-vous?

번역 _____

대답 _____

2 Depuis combien de temps apprenez-vous le français?

번역 _____

대답 _____

3 Vous couchez-vous avant minuit ou après minuit?

번역 _____

대답 _____

4 Combien de fois mangez-vous au fast-food par mois?

번역 _____

대답 _____

5 En quelle année êtes-vous né(e)?

번역 _____

대답 _____

Leçon 15

Je ne mange pas de viande.
Je suis végétarien.

나는 고기를 안 먹어. 채식주의자야.

Conversation

인류는 소통하였기에 생존하였다.

🎧 15-1

Activité 1

Marie   Qu'est-ce qu'on mange à midi? On mange de la viande?

Julien   Je ne mange pas de viande. Je suis végétarien.

Marie   Alors, on mange quoi?

Julien   Est-ce que tu veux manger des pâtes?

Marie   Oui, d'accord. J'aime bien les pâtes.

Activité 2

Cliente   Je cherche un logement à Paris.

Agent immobilier   Quel type de logement cherchez-vous?

Cliente   Je voudrais un petit appartement meublé.

Activité 3

Qu'est-ce qui est important dans la vie? La santé, la famille, les amis, l'amour, l'argent, la réussite? Et pour vous, qu'est-ce qui est le plus important dans votre vie?

마리	우리 점심에 뭐 먹을까? 고기 먹을래?
쥴리앙	나는 고기를 안 먹어. 채식주의자야.
마리	그러면, 뭐 먹을까?
쥴리앙	너 파스타 먹을래?
마리	그래, 알았어. 나 파스타를 좋아해.

고객	저는 파리에서 집을 구하고 있어요.
부동산 중개인	어떤 타입의 집을 찾고 계세요?
고객	가구가 있는 작은 아파트를 원합니다.

인생에서 중요한 것은 무엇일까요? 건강, 가족, 친구, 사랑, 돈, 성공? 여러분에게 인생에서 가장 중요한 것은 무엇인가요?

관사
(Les articles)

관사란 명사 앞에서 명사의 수, 양을 표현하거나 한정짓는 것을 말한다. 부정관사, 정관사, 부분관사로 나뉘며 명사에 따라 성수 일치한다.

관사 성·수	정관사	부정관사	부분관사
남성형	le, l'	un	du, de l'
여성형	la, l'	une	de la, de l'
복수형	les	des	des

1 정관사

1) 특정 명사를 지칭할 때 사용한다.

2) 국가명, 고유명사 앞에서 사용한다.

3) 일반적 개념에 대해 말할 때 사용한다.

4) 습관성을 나타내는 시간의 표현 앞에서 사용한다.

5) 선호를 나타내는 aimer, préférer, adorer, détester 등의 동사와 사용한다.

EXEMPLES

Tu connais l'adresse de Fabien?	너 파비앙의 주소를 알아?
La France est un pays démocratique.	프랑스는 민주주의 국가입니다.
Le sommeil est important pour la santé.	수면은 건강에 중요해요.
Normalement, je vais à la bibliothèque le matin.	보통, 저는 오전에 도서관에 가요.
Le samedi, je ne travaille pas.	저는 토요일에는 일하지 않아요.
Je préfère la mer à la montagne.	저는 산보다 바다를 선호해요.

2 부정관사

1) 셀 수 있는 명사 앞에서 사용한다.

2) 특정하지 않는 명사의 수(le nombre)를 나타낸다.

3) 문장에서 처음 언급된 명사 앞에서 사용한다.

EXEMPLES

Je cherche un appartement à Paris.
저는 파리에서 아파트를 구하고 있어요.

Chez nous, on offre des fleurs à nos mamans pour la fête des Mères.
우리나라에서는 어머니의 날에 어머니들께 꽃을 드려요.

C'est une actrice célèbre française. Elle s'appelle Marion Cotillard.
이분은 유명한 프랑스 여자배우예요. 이름은 마리옹 꼬띠아르입니다.

3 부분관사

1) 셀 수 없는 명사 앞에서 사용한다.

2) 전체에서 일부를 가리킬 때 사용한다.

3) 특정하지 않는 명사의 양(la quantité) 나타낸다.

EXEMPLES

Je mange du pain et de la salade au petit-déjeuner. (빵과 샐러드의 일부)
저는 아침식사로 빵과 샐러드를 먹어요.

Tu bois de l'eau ou du jus de fruits? (셀 수 없는 명사)
너 물이나 과일주스 마실래?

Je mange du poulet. (전체가 아닌 닭의 조각, 덩어리)
저는 치킨을 먹어요.

Tu as de l'argent? (셀 수 없는 명사)
너 돈 가지고 있어?

ATTENTION!

① 정관사 le, la 는 모음 또는 무음h 로 시작하는 단어 앞에서 축약하여 l' 로 사용한다.
② 모음 또는 무음h 로 시작하는 명사 앞에서 부분관사 de l' 를 사용한다.

4 부정관사, 정관사, 부분관사의 예시

Il y a des trains pour Rouen vers 18 heures?
저녁 6시쯤에 루앙으로 가는 기차가 있어요?

Le train numéro 135 à destination de Rouen va partir à 18 heures.
루앙행 135편 기차가 저녁 6시에 출발할 예정입니다.

Je vais faire une fête pour mon anniversaire.
제 생일을 위해서 파티를 할 예정이에요.

La fête a lieu le 18 décembre chez moi.
그 파티는 우리집에서 12월 18일에 해요.

Je voudrais un café s'il vous plaît.
커피 한 잔 주세요.

J'adore le café.
저는 커피를 좋아해요.

Je bois du café avant de commencer mon travail.
저는 일을 시작하기 전에 커피를 마셔요.

Grammaire

언어는 본능이 아니다.

축약관사

축약관사란 전치사 à 나 de 가 정관사와 사용되면서 줄여진 형태를 말한다. 의미 변화는 없이 문법 규칙으로 사용한다.

전치사 **à**	전치사 **de**
à + le = au	de + le = du
à + la = à la	de + la = de la
à + l' = à l'	de + l' = de l'
à + les = aux	de + les = des

EXEMPLES 1

축약관사 ＼ 관사	단수형		복수형	
전치사 **à**	Je parle **à le** garçon. Je parle au garçon.	(x) (o)	Je parle **à les** garçons. Je parle aux garçons.	(x) (o)
전치사 **de**	Je parle **de le** garçon. Je parle du garçon.	(x) (o)	Je parle **de les** garçons. Je parle des garçons.	(x) (o)

전치사 **à** 의 축약관사

Je parle au garçon.
그 남자 아이에게 말하다.

Je parle à la fille.
그 여자 아이에게 말하다.

Je parle à l'homme.
그 남자에게 말하다.

Je parle aux enfants.
그 아이들에게 말하다.

전치사 **de** 의 축약관사

Je parle du garçon.
그 남자 아이에 대해 말하다.

Je parle de la fille.
그 여자 아이에 대해 말하다.

Je parle de l'homme.
그 남자에 대해 말하다.

Je parle des enfants.
그 아이들에 대해 말하다.

EXEMPLES 2

전치사 à 의 축약관사	전치사 de 의 축약관사
J'habite au Japon. 저는 일본에 살아요.	Tokyo est la capitale du Japon. 도쿄는 일본의 수도예요.
J'habite en France. 저는 프랑스에 살아요.	Paris est la capitale de la France. 파리는 프랑스의 수도예요.
J'habite aux États-Unis. 저는 미국에 살아요.	Washington est la capitale des États-Unis. 워싱턴은 미국의 수도예요.

ATTENTION!

여성형 국가 앞에는 à la 를 사용하지 않고 예외적으로 전치사 en 를 사용한다.

Lecture

언어는 질서 속에 짜여진 무늬이다.

🎧 15-2

Les repas des Français

Le petit-déjeuner

Le repas du matin s'appelle 'le petit déjeuner'. Au petit déjeuner, les Français boivent un bol de café au lait ou de chocolat chaud. Avec ça, ils mangent du pain, souvent un morceau de baguette avec du beurre et de la confiture.

Le déjeuner

On prend un déjeuner entre midi et deux heures. Il y a souvent une entrée, un plat principal et un dessert. Mais de nos jours de plus en plus de gens préfèrent prendre un repas rapide et léger, une salade composée ou un sandwich.

Le dîner

L'heure du dîner en France est entre 19 heures et 20 heures. En général, le soir, on prend un repas complet. Un repas complet comprend généralement un apéritif (du champagne, un kir ou une autre boisson alcoolique), une entrée, un plat principal (de la viande, du poisson), du fromage, un dessert. Et les Français préfèrent boire du vin avec le repas.

VOCABULAIRE
repas 식사
boire 마시다
bol 그릇, 사발
lait 우유
chocolat 초콜릿, 초콜릿 음료
chaud 더운, 따뜻한
morceau 조각, 덩어리
beurre 버터
confiture 잼
entre A et B A와 B 사이에
entrée 전채 요리
plat principal 메인 요리
dessert 디저트
de nos jours 요즘
de plus en plus 점점 더
gens 사람들
rapide 빠른
léger 가벼운
composé 혼합의
complet 갖추어진
comprendre 포함하다
apéritif 식전 술
kir 키르 (화이트 와인으로 만든 칵테일)
boisson 음료
alcoolique 알코올을 함유한

프랑스인들의 식사

아침 식사

아침의 식사를 '쁘띠 데쥬네'라고 한다. 프랑스인들은 아침에 카페라떼나 핫초코 한 잔을 마신다. 이 음료와 같이 빵을 먹거나, 바게트 조각을 버터와 잼과 함께 자주 먹는다.

점심 식사

정오와 2시 사이에 점심을 먹는다. 자주 전채 요리, 메인 요리 그리고 디저트가 있다. 하지만 요즘은 점점 더 많은 사람들이 믹스 샐러드 또는 샌드위치 같은 빠르고 가벼운 식사를 선호한다.

저녁 식사

프랑스에서 저녁 식사 시간은 저녁 7시부터 저녁 8시 사이이다. 보통, 저녁에는 갖추어진 식사를 한다. 정식에는 일반적으로 아페리티프 (샴페인, 키르 또는 다른 알코올 음료), 전채 요리, 메인 요리 (고기, 생선), 치즈, 디저트가 포함된다. 그리고 프랑스인들은 식사와 함께 와인을 마시는 것을 선호한다.

1 정관사, 부정관사를 사용하여 빈칸을 채워 보세요.

1 Qu'est-ce que tu fais dans _____ vie?

2 Est-ce que tu as _____ amis en France ou dans un pays francophone?

3 Depuis 2000, _____ Français travaillent 35 heures par semaine.

4 C'est quand _____ mariage de Noémie et Maxime?

5 J'ai _____ voiture mais je vais au travail en bus.

2 정관사, 부분관사를 사용하여 빈칸을 채워 보세요.

1 Je préfère _____ musique classique.

2 Le sommeil est important pour _____ santé.

3 Tu veux encore _____ café?

4 On ne travaille pas _____ samedi.

5 J'ai oublié mon portefeuille. Est-ce que tu as _____ argent?

Écoute

경청은 지혜의 특권이다.

🎧 15-3

녹음을 듣고 빈칸을 채워 보세요.

❶ J'ai rencontré ma petite copine _____ .

❷ J'ai dit bonjour _____ .

❸ Je cherche _____ à Paris.

❹ On offre _____ à nos mamans pour _____ .

❺ Les Français mangent un morceau de baguette avec _____

_____ .

쓰기

쓰기는 의식을 재구조화한다.

Écriture

1 다음 문장을 정관사와 부분관사를 사용하여 프랑스어로 써 보세요.

① 저는 매일 아침마다 커피를 마셔요. 커피를 아주 좋아해요.

_____

② 저는 와인을 자주 마셔요. 특히 레드 와인을 좋아해요.

_____

③ 저는 육류를 자주 먹어요. 특히 치킨을 좋아해요.

_____

2 다음 문장을 축약관사를 사용하여 프랑스어로 써 보세요.

① 도쿄는 일본의 수도입니다. 저는 일본에서 살아요.

_____

② 워싱턴은 미국의 수도입니다. 저는 미국에서 살아요.

_____

③ 그 호텔의 주소가 뭐예요?

_____

다음 문장을 한국어로 번역하고, 관사를 사용하여 대답을 쓰고 말해 보세요.

❶ Préférez-vous la mer à la montagne?

번역 _____

대답 _____

❷ Dans quel pays voulez-vous habiter?

번역 _____

대답 _____

❸ Mangez-vous souvent de la viande?

번역 _____

대답 _____

❹ Avec quelle boisson prenez-vous votre repas?

번역 _____

대답 _____

❺ Qu'est-ce que vous prenez au petit-déjeuner normalement?

번역 _____

대답 _____

Leçon

16

On va y aller demain.

우리는 내일 거기에 갈 거야.

핵심
문법
표현
!

1

Tu vas souvent au cinéma?

너는 영화관에 자주 가니?

2

Oui, j'y vais tous les week-ends.

응, 거기에 주말마다 가.

3

Tu as des enfants?

너는 아이가 있니?

4

Oui, j'en ai deux.

응, 두 명 있어.

Conversation

대화

🎧 16-1

Florie	Je vais aller au cinéma ce soir.
Pierre	Tu y vas avec qui?
Florie	Avec Michaël. Tu viens aussi?
Pierre	Il y a un bon film?
Florie	Oui, il y en a un. On va voir un film coréen.
Pierre	Il reste encore des places pour cet après-midi?
Florie	Non, il n'en reste plus. C'est complet cet après-midi.
Pierre	Mais moi, je ne suis pas disponible ce soir.
Florie	Sinon, on va y aller demain?
Pierre	D'accord! Merci!
Florie	De rien. À demain!

VOCABULAIRE

place 자리, 좌석

complet 매진

disponible
(시간이) 가능한

sinon 그렇지 않으면

플로리	나는 오늘 저녁에 영화관에 갈 거야.
피에르	누구와 같이 갈 거야?
플로리	미카엘이랑 같이 가. 너도 갈래?
피에르	괜찮은 영화가 있어?
플로리	응, 한 편 있어. 우리는 한국 영화를 볼 거야.
피에르	오늘 오후에 좌석이 아직 남아 있을까?
플로리	아니, 이제 좌석이 없어. 오늘 오후에는 매진이야.
피에르	그런데, 오늘 저녁에는 시간이 안 돼.
플로리	아니면, 내일 갈까?
피에르	알았어! 고마워!
플로리	천만에. 내일 봐!

대명사 y, en
(Le pronom y, en)

대명사란 앞서 나온 명사가 다음 문장에서 반복되는 것을 피하기 위해 사용하는 품사를 말한다.

1 대명사 y 의 용법

대명사 y 는 아래와 같은 용법으로 사용하며 동사 앞에 위치한다.

1) 전치사 à, à la, au, aux, en, dans, chez, sur 등 + 장소의 표현을 대신한다.

EXEMPLES

Q Tu vas souvent au cinéma?　　　　너 영화관에 자주 가니?

R Oui, j'y vais tous les week-ends.　　응, 거기에 주말마다 가.

Q Il habite en France?　　　　　　걔 프랑스에 살아?

R Oui, il y habite depuis trois ans.　　응, 3년 전부터 거기에 살고 있어.

Q Elle est dans sa chambre?　　　　걔 방에 있어?

R Oui, elle y est depuis ce matin.　　응, 오늘 아침부터 거기에 있어.

2) 전치사 à + 사물의 표현을 대신한다.

EXEMPLES

Q Tu es habitué à la vie parisienne?　　너 파리 생활에 적응했어?

R Oui, j'y suis habitué.　　　　　　응, 적응했어.

Q Tu fais attention à ta santé?　　　건강에 주의하고 있어?

R Oui, j'y fais attention.　　　　　응, 주의하고 있어.

Grammaire

언어는 본능이 아니다.

2 대명사 en 의 용법

대명사 en 는 아래와 같은 용법으로 사용하며 동사 앞에 위치한다.

1) 전치사 de + 장소의 표현을 대신한다.

> **EXEMPLES**
>
> Q Tu viens de Paris?　　　　　　너 파리 출신이야?
>
> R Oui, j'en viens.　　　　　　　응, 거기 출신이야.

2) 부분관사 + 명사의 표현을 대신한다.

> **EXEMPLES**
>
> Q Tu veux de la glace?　　　　　너 아이스크림 먹을래?
>
> R Oui, j'en veux bien.　　　　　응, 먹을래.

3) 부정관사 + 명사의 표현을 대신한다. 이때, 긍정의 대답에서 숫자를 사용해서 말한다.

> **EXEMPLES**
>
> Q Tu as une voiture?　　　　　　너 차 있어?
>
> R Oui, j'en ai une.　　　　　　　응, 한 대 있어.
>
> Q Tu as des enfants?　　　　　　너 아이 있어?
>
> R Oui, j'en ai deux.　　　　　　응, 두 명 있어.

4) beaucoup de, trop de, un peu de + 명사 등과 같은 양(la quantitié)의 표현을 대신한다. 이때, 양을 나타내는 부사를 생략하지 않고 사용한다.

> **EXEMPLES**
>
> Q Tu as beaucoup de travail?　　너 일 많아?
>
> R Oui, j'en ai beaucoup.　　　　응, 많아.

187

Q Il y a trop de monde?   사람 엄청 많아?

R Oui, il y en a trop.   응, 엄청 많아.

5) 전치사 de + 사물명사의 표현을 대신한다.

EXEMPLES

Q Il parle souvent de son travail?   걔는 자기 일에 대해서 자주 얘기해?

R Oui, il en parle souvent.   응, 그것에 대해서 자주 얘기해.

3 대명사 y, en 의 긍정문과 부정문

1) 대명사는 일반적으로 동사 앞에 위치한다.

2) 대명사의 부정문은 대명사 + 동사를 하나로 묶어서 앞, 뒤에 ne ~ pas 를 붙인다.

3) 조동사 + 동사원형(본동사) 구문에서 대명사는 본동사 앞에 위치한다.

4) 조동사 + 동사원형(본동사) 구문의 부정문은 조동사의 앞, 뒤에 ne ~ pas 를 붙인다.

EXEMPLES

일반 문장	대명사 긍정문	대명사 부정문
Je vais à Paris.	J'y vais.	Je n'y vais pas.
Je suis allé à Paris.	J'y suis allé.	Je n'y suis pas allé.
Je veux aller à Paris.	Je veux y aller.	Je ne veux pas y aller.
Je mange du poisson.	J'en mange.	Je n'en mange pas.
J'ai mangé du poisson.	J'en ai mangé.	Je n'en ai pas mangé.
Je veux manger du poisson.	Je veux en manger.	Je ne veux pas en manger.

Lecture

언어는 질서 속에 짜여진 무늬이다.

🎧 16-2

Quels aliments sont bons ou mauvais pour la santé?

Les fruits sont bons pour la santé. Ils sont riches en vitamine C.
Il faut en manger tous les jours.

La viande est nécessaire pour le corps humain. Elle apporte des
protéines. Il faut en manger une à deux fois par semaine. Mais il
ne faut pas en manger trop. Elle augmente le risque de cancer.

Le lait et les produits laitiers sont des aliments indispensables.
Ils apportent du calcium et des vitamines. Il faut en consommer
tous les jours.

Le sucre et les produits sucrés sont très caloriques. Il faut en
consommer avec modération.

L'alcool est dangereux pour la santé quand on en abuse.

VOCABULAIRE
aliment 음식
riche 풍부한
vitamine 비타민
il faut (falloir 동사 변화) ~해야 한다
nécessaire 필요한
corps humain 신체
apporter 가져다 주다, 가지고 가다
protéine 단백질
augmenter 높이다, 증가시키다
risque 위험
cancer 암
produit laitier 유제품
indispensable 없어서는 안 되는
consommer 섭취하다
avec modération 적절하게, 적당하게
dangereux 위험한
abuser 남용하다

어떤 음식이 건강에 좋거나 나쁠까?

과일은 건강에 좋다. 과일에는 비타민 C가 풍부하므로 매일 먹어야 한다.

육류는 신체에 필요하다. 단백질을 가져다 준다. 일주일에 한두 번 먹어야 하지만 너무 많이 섭취해서는 안 된다. 육류는 암의 위험을 높인다.

우유와 유제품은 없어서는 안 되는 식품이다. 칼슘과 비타민을 가져다 주므로 매일 섭취해야 한다.

설탕과 단 음식은 칼로리가 아주 높으므로 적당하게 섭취해야 한다.

술은 남용할 때 건강에 위험하다.

Exercices

대명사 y, en 을 사용하여 빈칸을 채워 보세요.

1 Q Tu pars en France cet hiver?

 R Oui, je vais _____ aller au mois de décembre.

2 Q Tu manges du riz?

 R Oui, j'_____ mange à chaque repas.

3 Q Ils sont partis à la montagne?

 R Oui, ils _____ sont partis pour skier.

4 Q Vous avez des amis francophones?

 R Oui, j'_____ ai plusieurs à Paris et à Montréal.

5 Q On pourrait aller au parc cet après-midi?

 R Oh oui! J'aimerais beaucoup _____ aller.

6 Q Vous avez une carte de visite?

 R Oui, j'_____ ai une. La voici!

7 Q Il parle souvent de ses problèmes?

 R Oui, il _____ parle souvent.

8 Q Est-ce que tu as besoin de ce livre?

 R Oui, j'_____ ai vraiment besoin.

9 Q Vous êtes restés combien de temps en Suisse?

 R Nous _____ sommes restés dix jours.

10 Q Tu as combien d'enfants?

 R J'_____ ai deux.

Écoute

경청은 지혜의 특권이다.

🎧 16-3

녹음을 듣고 빈칸을 채워 보세요.

❶ A   Vous avez de la fièvre?

   B   Oui, je crois que _____.

❷ A   Tu veux du chocolat?

   B   Oui, _____.

❸ A   Tu es allé chez le médecin hier?

   B   Non, _____ cet après-midi.

❹ A   Vous allez souvent à la mer?

   B   Oui, _____ tous les étés.

❺ A   Tu es resté combien de jours à Londres?

   B   _____ deux semaines.

다음 문장을 부정문으로 써 보세요.

❶ J'en ai.   → _____

❷ Tu en manges.   → _____

❸ J'y vais.   → _____

❹ On veut y aller.   → _____

❺ Elle en a acheté.   → _____

Expression orale

말할 권리를 절대 옹호한다.

다음 문장을 대명사 y, en 을 사용하여 긍정문과 부정문으로 쓰고 말해 보세요.

① Habitez-vous à Séoul?

Oui, _____

Non, _____

② Allez-vous souvent au cinéma?

Oui, _____

Non, _____

③ Avez-vous un vélo?

Oui, _____

Non, _____

④ Mangez-vous beaucoup de fruits?

Oui, _____

Non, _____

⑤ Voulez-vous aller en France?

Oui, _____

Non, _____

Leçon 17

Je ne suis jamais allé en France.

나는 프랑스에 한번도 안 가 봤어.

1 Je ne suis jamais allé en France.
저는 프랑스에 한번도 안 가 봤어요.

2 Je n'ai pas encore vu le film.
저는 아직 그 영화를 안 봤어요.

3 Je ne comprends rien.
저는 아무것도 이해가 안 돼요.

4 Je ne fume plus.
저는 더 이상 담배를 피우지 않아요.

Conversation

인류는 소통하였기에 생존하였다.

🎧 17-1

Activité 1

Annie	Est-ce que tu fumes?
Marc	Avant, je fumais mais j'ai arrêté. Je ne fume plus.

Activité 2

Annie	Tu es déjà allé en Corée?
Marc	Non, je n'y suis jamais allé. Et toi?
Annie	Je vais y aller le mois prochain!
Marc	Je t'envie!

Activité 3

Annie	Tu as mangé quelque chose?
Marc	Non, je n'ai rien mangé aujourd'hui. Je n'ai pas faim.

Activité 4

Annie	Tu as vu ce film?
Marc	Oui, je l'ai déjà vu.
Annie	Moi, je ne l'ai pas encore vu.

VOCABULAIRE

fumer 흡연하다
avant 이전에
arrêter 중단하다, 멈추다
déjà 이미, 벌써
jamais (부정) 결코, 절대
envier 부러워하다
quelque chose 어떤 것
rien (부정) 아무것도
faim 배고픔
avoir faim 배고프다

안니	너 담배 피우니?
마크	예전에는 피웠는데 끊었어. 지금은 안 피워.
안니	너 한국에 가 본 적 있어?
마크	아니, 한번도 안 가 봤어. 너는?
안니	나 다음달에 가!
마크	부럽다!
안니	너 뭐 좀 먹었어?
마크	아니, 오늘 아무것도 안 먹었어. 배가 안 고파.
안니	너 이 영화 봤어?
마크	응, 이미 봤지.
안니	난 아직 안 봤어.

부정문
(La forme négative)

부정문이란 동사 앞에 ne, 동사 뒤에 pas 를 붙여 '~가 아니다'를 나타내는 문장의 형태를 말한다. 그 외에도 사람, 사물, 경험 등을 부정하는 다양한 형태가 있다.

1 부정문의 형태

종류 \ 형태	긍정문	부정문
ne ~ pas ~가 아니다	J'aime le café. 저는 커피를 좋아해요.	Je n'aime pas le café. 저는 커피를 좋아하지 않아요.
	C'est cher. 비싸요.	Ce n'est pas cher. 비싸지 않아요.
ne ~ rien 아무것도 ~하지 않다	Je mange quelque chose. 저는 뭘 먹어요.	Je ne mange rien. 저는 아무것도 먹지 않아요.
	Je comprends tout. 저는 전부 이해해요.	Je ne comprends rien. 저는 아무것도 이해가 안 돼요.
ne ~ personne 아무도 ~하지 않다	J'aime quelqu'un. 저는 누군가를 좋아해요.	Je n'aime personne. 저는 아무도 좋아하지 않아요.
	Il y a quelqu'un. 누군가 있어요.	Il n'y a personne. 아무도 없어요.
ne ~ jamais 절대 ~하지 않다, 한번도 ~하지 않다	Je suis souvent en retard. 저는 자주 지각을 해요.	Je ne suis jamais en retard. 저는 절대로 늦지 않아요.
	Je suis allé à Paris une fois. 저는 파리에 한번 가 봤어요.	Je ne suis jamais allé à Paris. 저는 파리에 한번도 가 보지 않았어요.
ne ~ plus 더 이상 ~하지 않다	Je fume encore. 저는 여전히 담배를 피워요.	Je ne fume plus. 저는 더 이상 담배를 피우지 않아요.
	Il est encore à Paris. 그는 여전히 파리에 있어요.	Il n'est plus à Paris. 그는 더 이상 파리에 없어요.
ne ~ pas encore 아직 ~하지 않다	J'ai déjà mangé. 저는 이미 식사를 했어요.	Je n'ai pas encore mangé. 저는 아직 식사를 하지 않았어요.
	Je suis déjà arrivé. 저는 이미 도착했어요.	Je ne suis pas encore arrivé. 저는 아직 도착하지 않았어요.

Grammaire

ne ~ ni ~ ni ~도 ~도 ~하지 않다	J'aime le rap et le rock. 저는 랩과 락을 좋아해요.	Je n'aime ni le rap ni le rock. 저는 랩도 락도 좋아하지 않아요.
	Je sais lire et écire. 저는 읽고 쓸 줄 알아요.	Je ne sais ni lire ni écrire. 저는 읽을 줄도 쓸 줄도 몰라요.
ne ~ que = seulement ~밖에 (긍정의 의미)	J'ai seulement dix euros. 저는 10유로만 가지고 있어요.	Je n'ai que dix euros. 저는 10유로밖에 없어요.
	Je bois seulement du café. 저는 커피만 마셔요.	Je ne bois que du café. 저는 커피밖에 안 마셔요.

2 부정의 de 사용법

아래 두 가지의 조건을 동시에 충족할 때 부정문에서 부정의 de 를 사용한다.

1) 문장에서 직접목적어로 사용될 때

2) 긍정문에서 부정관사(un, une, des) 또는 부분관사(du, de la, de l') 이었을 때

EXEMPLES

긍정문	부정문
J'ai une question. 저는 질문이 있어요.	Je n'ai pas de question. 저는 질문이 없어요.
Je mange des carottes. 저는 당근을 먹어요.	Je ne mange pas de carottes. 저는 당근을 안 먹어요.
Je mange de la viande. 저는 육류를 먹어요.	Je ne mange pas de viande. 저는 육류를 안 먹어요.
Je bois du café. 저는 커피를 마셔요.	Je ne bois pas de café. 저는 커피를 안 마셔요.
Je fais du sport. 저는 운동을 해요.	Je ne fais pas de sport. 저는 운동을 안 해요.
Il y a un parking gratuit. 무료 주차장이 있어요.	Il n'y a pas de parking gratuit. 무료 주차장이 없어요.

3 부정의 de 를 사용하지 않는 경우

1) C'est 구문에서 부정의 de 로 변화되지 않는다.

2) 정관사는 부정의 de 로 변화되지 않는다.

3) ne ~ que 구문에서 부정의 de 로 변화되지 않는다.

EXEMPLES

긍정문	부정문
C'est une grande ville. 여기는 대도시예요.	Ce n'est pas une grande ville. 여기는 대도시가 아니에요.
J'aime les plats chinois. 저는 중국 요리를 좋아해요.	Je n'aime pas les plats chinois. 저는 중국 요리를 좋아하지 않아요.
Je connais l'adresse du restaurant. 저는 그 식당의 주소를 알아요.	Je ne connais pas l'adresse du restaurant. 저는 그 식당의 주소를 몰라요.
Je bois seulement du café. 저는 커피만 마셔요.	Je ne bois que du café. 저는 커피밖에 안 마셔요.

Grammaire

언어는 본능이 아니다.

4 구어체에서 부정문의 사용

신문, 책 등의 문어체에서는 보통 ne 를 생략해서 사용하지 않지만, 구어체에서는 자주 ne 를 생략하여 부정문을 말하기도 한다.

EXEMPLES

문어체	구어체
Ce n'est pas cher. 비싸지 않아요.	C'est pas cher.
Je ne suis pas chinois. 저는 중국인이 아닙니다.	Je suis pas chinois.
Je n'ai pas mangé. 저는 식사를 안 했어요.	J'ai pas mangé.
Je n'ai rien compris. 저는 아무것도 이해하지 못했어요.	J'ai rien compris.

🎧 17-2

Faut-il toujours arriver à l'heure en France?

Rendez-vous professionnels

Pour la plupart des Français, un retard de 5 minutes n'est pas grave. Dans la vie professionnelle, il faut arriver à l'heure exacte ou un peu en avance.

Invitations à un repas

Quand on est invité chez des amis à 19 heures, on doit tarder un quart d'heure par politesse, jusqu'à 19 h 15. Mais au restaurant, on vient à l'heure.

Et les amoureux?

Autrefois, on disait qu'un homme doit arriver en avance, parce qu'une femme ne doit pas attendre seule dans un lieu public. Maintenant, on arrive en avance ou à l'heure quand on aime, en retard quand on n'aime plus.

VOCABULAIRE
la plupart 대부분
en retard 늦게
grave 심각한, 중대한
vie professionnelle 직장 생활
à l'heure 정시에
en avance 일찍
tarder 늦어지다, 늦다
un quart d'heure 15분
par politesse 예의상
jusqu'à ~까지
autrefois 예전에
attendre 기다리다
maintenant 지금, 요즘

프랑스에서는 항상 정시에 도착해야 할까?

업무상 약속

대부분의 프랑스 사람들에게 5분의 지각은 심각하지 않다. 직장 생활에서는 정확한 시간에 도착하거나 조금 일찍 도착해야 한다.

식사에 초대

저녁 7시에 친구 집에 초대를 받으면 저녁 7시 15분까지 정중하게 15분 늦게 도착해야 한다. 그러나 식당에는 정시에 간다.

연인 사이

과거에는 여자가 공공장소에서 혼자 기다리면 안 되기 때문에 남자가 먼저 도착해야 한다고 말하곤 했다. 요즘에는 사랑할 때는 일찍 또는 정시에, 더 이상 사랑하지 않을 때는 늦게 도착한다.

괄호 안의 표현을 사용하여 부정문으로 만들어 보세요.

① C'est un livre de grammaire. (ne ~ pas)

_____

② Il y a un parking gratuit dans ce quartier. (ne ~ pas)

_____

③ Tu aimes les plats chinois. (ne ~ pas)

_____

④ Il y a quelqu'un dans la maison. (ne ~ personne)

_____

⑤ Je suis encore à Paris. (ne ~ plus)

_____

⑥ Elle est toujours en retard. (ne ~ jamais)

_____

⑦ Je fais quelque chose. (ne ~ rien)

_____

⑧ Je parle espagnol et italien. (ne ~ ni ~ ni)

_____

⑨ Elle a seulement vingt ans. (ne ~ que)

_____

⑩ Vous avez déjà vu le film. (ne ~ pas encore)

_____

🎧 경청은 지혜의 특권이다.

🎧 17-3

녹음을 듣고 문장을 써 보세요.

① _____

② _____

③ _____

④ _____

⑤ _____

Écriture

다음 문장을 다양한 부정문을 사용하여 프랑스어로 써 보세요.

❶ 저는 고기를 안 좋아해요.

_____

❷ 저는 남자친구가 없어요.

_____

❸ 저는 아직 저녁을 안 먹었어요.

_____

❹ 저는 그 영화를 아직 안 봤어요.

_____

❺ 저는 아무것도 이해가 안 돼요.

_____

Expression orale

다음 문장을 한국어로 번역하고, 다양한 부정문으로 대답을 쓰고 말해 보세요.

① Est-ce que vous avez des amis francophones?

번역 _____

대답 Non, _____

② Est-ce qu'il y a un supermarché près d'ici?

번역 _____

대답 Non, _____

③ Est-ce que vous parlez chinois et japonais?

번역 _____

대답 Non, _____

④ Est-ce que vous avez mangé quelque chose ce matin?

번역 _____

대답 Non, _____

⑤ Est-ce que vous avez vu le film français <Amélie>?

번역 _____

대답 Non, _____

Leçon 18

J'ai des amis qui parlent coréen.

나는 한국어를 하는 친구들이 있어.

대화

인류는 소통하였기에 생존하였다.

Conversation

🎧 18-1

Activité 1

Q   Le baccalauréat, qu'est-ce que c'est?

R   C'est un examen national que les élèves français passent pour entrer à l'université.

Activité 2

Q   Le vélib', qu'est-ce que c'est?

R   C'est un système de vélos en libre-service que les Parisiens utilisent souvent pour se déplacer dans Paris.

Activité 3

Q   Marion Cotillard, qui est-ce?

R   C'est une actrice française qui a joué dans le film <la vie en rose>.

Activité 4

Q   Bong Junho, qui est-ce?

R   C'est un réalisateur coréen qui a remporté le prix du meilleur film aux Oscars 2020.

VOCABULAIRE

baccalauréat
프랑스 대학 입학 자격시험

examen 시험

national 국가의

élève 학생

vélo 자전거

libre-service 셀프서비스

utiliser 이용하다

se déplacer 이동하다

actrice 여배우

jouer 연기하다

réalisateur 영화감독

remporter 차지하다

prix 상

meilleur bon의 우등 비교

질문   바칼로레아가 뭐예요?
대답   프랑스 학생들이 대학에 입학하기 위해 치르는 국가 시험입니다.

질문   벨리브가 뭐예요?
대답   파리 사람들이 파리 내에서 이동하기 위해 자주 이용하는 셀프서비스 자전거 시스템입니다.

질문   마리옹 꼬띠아르는 누구예요?
대답   그녀는 영화 <장미빛 인생>에 출연한 프랑스 여배우입니다.

질문   봉준호는 누구예요?
대답   그는 2020년 오스카에서 작품상을 받은 한국인 영화감독입니다.

Grammaire

언어는 본능이 아니다.

관계대명사
(Les pronoms relatifs)

관계대명사란 앞서 나온 명사가 뒤의 문장에서 반복되는 것을 피하여 문장을 연결하기 위해 사용하는 것을 말한다. 역할에 따라 qui, que, dont, où 로 나누어 사용한다.

1 관계대명사 qui

> 선행사가 다음 문장의 주어와 같을 때 사용하는 주격 관계대명사이다. 선행사로 사람, 사물이 나올 수 있으며 〈qui + 동사〉로 문장을 활용한다. 모음이나 무음h 의 동사가 나오더라도 축약하지 않는다.

EXEMPLES

C'est **mon ami**. **Il** habite à Paris.

　　　　　선행사　　주어로 반복

→ C'est mon ami qui habite à Paris.
　얘는 파리에 살고 있는 제 친구예요.

J'ai **des amis**. **Ils** parlent coréen.
→ J'ai des amis qui parlent coréen.
　저는 한국어를 하는 친구들이 있어요.

Je regarde **les fleurs**. **Les fleurs** sont dans le jardin.
→ Je regarde les fleurs qui sont dans le jardin.
　저는 정원에 있는 꽃들을 보고 있어요.

2 관계대명사 que

선행사가 다음 문장의 직접목적어와 같을 때 사용하는 관계대명사이다. 선행사로 사물, 사람이 나올 수 있으며 〈que + 주어 + 동사〉로 문장을 활용한다. 모음으로 시작하는 주어가 나올 때 축약해서 qu' 로 사용한다.

EXEMPLES

C'est **le roman**. Je lis souvent **le roman**.
       선행사   직접목적어로 반복
→ C'est le roman que je lis souvent.
이건 제가 자주 읽는 소설이에요.

C'est **le gâteau** au chocolat. J'ai fait **le gâteau**.
→ C'est le gâteau au chocolat que j'ai fait.
이건 제가 만든 초콜릿 케이크예요.

Il parle avec **la femme**. Je connais **la femme**.
→ Il parle avec la femme que je connais.
그는 제가 아는 여자와 얘기하고 있어요.

3 관계대명사 dont

선행사가 다음 문장에서 전치사 de 뒤에 나오는 명사와 같을 때 사용하는 관계대명사이다. 선행사로 사람, 사물이 나올 수 있으며 〈dont + 주어 + 전치사 de 가 필요한 동사〉로 문장을 활용한다.

EXEMPLES

C'est **la personne**. Je t'ai parlé **de la personne**.
       선행사   전치사 de + 명사로 반복
→ C'est la personne dont je t'ai parlé. (parler de + 명사 : ~에 대해 말하다)
내가 너에게 말했던 그 사람이야.

C'est le livre dont j'ai besoin. (avoir besoin de + 명사 : ~가 필요하다)
제가 필요한 책이에요.

4 관계대명사 où

선행사가 다음 문장의 장소나 시간과 같을 때 사용하는 관계대명사이다. 선행사로 장소 명사와 시간의 표현이 나올 수 있으며 〈où + 주어 + 동사〉로 문장을 활용한다. 모음으로 시작하는 주어가 나오더라도 축약하지 않는다.

EXEMPLES

C'est **la ville**. Je suis né **dans la ville**.
    선행사   장소 명사로 반복
→ C'est la ville où je suis né.
여기는 제가 태어난 도시예요.

Le 18 décembre, c'est le jour où elle est née.
12월 18일은 그녀가 태어난 날이에요.

5 qui, que, dont, où 의 차이

1) 장소 전치사 à, à la, en, au, aux, dans 등이 필요한 동사의 구문에서 관계대명사 où 를 사용한다.

2) 동사가 전치사 de 와 같이 사용되는 목적어 구문에서 관계대명사 dont 를 사용한다.

EXEMPLES

Le restaurant qui est près de chez moi. → 주격 관계대명사
우리집 근처에 있는 식당.

Le restaurant que je préfère. → 직접목적격 관계대명사
내가 좋아하는 식당.

Le restaurant dont tu m'as parlé. → 동사 + de + 목적어
네가 나에게 말했던 식당.

Le restaurant où je viens souvent. → 장소 관계대명사
내가 자주 오는 식당.

관계사
ce que, ce qui, ce dont

- **ce que :** 선행사 없이 연결되는 직접목적어 관계사이다. 〈ce que + 주어 + 동사〉로 사용한다.
- **ce qui :** 선행사 없이 연결되는 주격 관계사이다. 〈ce qui + 동사〉로 사용한다.
- **ce dont :** 선행사 없이 연결되며 전치사 de 를 필요로 하는 관계사이다. 〈ce dont + 주어 + 동사〉로 사용한다.

EXEMPLES 1

선행사가 있는 문장	선행사가 없는 문장
Le film que je regarde. 내가 보고있는 영화. 선행사	Ce que je regarde. 내가 보고있는 것.
La vie que je veux. 내가 원하는 인생. 선행사	Ce que je veux. 내가 원하는 것.
Un messsage qui est important. 중요한 메시지. 선행사	Ce qui est important. 중요한 것.
Un objet dont j'ai besoin. 내가 필요한 물건. 선행사	Ce dont j'ai besoin. 내가 필요한 것.

EXEMPLES 2

Dis-moi ce que tu regardes. 　　　　　네가 보고있는 걸 말해봐.

Dis-moi ce que tu veux. 　　　　　　네가 원하는 걸 말해봐.

Dis-moi ce qui est important pour toi. 네게 중요한 걸 말해봐.

Dis-moi ce dont tu as besoin. 　　　　네가 필요한 걸 말해봐.

Lecture

언어는 질서 속에 짜여진 무늬이다.

🎧 18-2

Extrait du roman français «No et Moi»

La gare d'Austerlitz, j'y vais souvent, le mardi ou le vendredi, quand je finis les cours plus tôt. J'y vais pour regarder les trains qui partent, c'est un truc que j'aime bien, voir l'émotion de gens. Dans les gares, il y a les amoureux qui se quittent, les parents qui repartent, les gens qui portent des grandes valises. Ils s'embrassent, ils se disent au revoir. C'est pareil pour les trains à l'arrivée. J'observe les gens qui attendent, leur visage tendu, leurs yeux qui cherchent et leur sourire, c'est ce que je préfère. Il y a toute sorte de gens, des jeunes, des vieux, des gros, des maigres. C'est pourquoi je vais à la gare d'Austerlitz.

프랑스 소설 ≪노와 나≫ 발췌문

나는 수업이 더 일찍 마치면 화요일이나 금요일에 오스테를리츠 기차역에 자주 간다. 떠나는 기차들을 보러 그곳에 간다. 사람들의 감정을 본다는 것은 내가 좋아하는 일이다. 기차역에는, 서로 헤어지는 연인들, 다시 떠나려는 부모님들, 큰 짐가방을 든 사람들이 있다. 그들은 서로 입맞춤을 하고 잘 가라는 인사를 한다. 도착지의 기차도 마찬가지이다. 나는 기다리는 사람들, 그들의 긴장한 얼굴, 찾고 있는 시선, 그들의 미소를 관찰한다. 그것은 내가 좋아하는 것들이다. 그곳에는 젊은 사람, 나이 든 사람, 뚱뚱한 사람, 날씬한 사람, 모든 부류의 사람들이 있다. 그래서 나는 오스테를리츠역으로 간다.

VOCABULAIRE

truc 방법, 어떤 것

émotion 감정

amoureux 연인

se quitter 서로 떠나다

s'embrasser
서로 입맞춤하다

se dire 서로 말하다

pareil 비슷한

observer 관찰하다

visage 얼굴

tendu 긴장한

yeux (신체) 눈

sourire 미소

sorte 부류, 종류

C'est pourquoi
(결과) 그래서, 따라서

211

Exercices

관계대명사 qui, que, dont, où 를 사용하여 빈칸을 채워 보세요.

1. J'ai un ami _____ s'appelle Matthieu.

2. C'est la couleur _____ je préfère.

3. Le livre _____ je lis est tellement intéressant.

4. C'est la ville _____ elle a étudié.

5. Le café _____ je bois est très chaud.

6. C'est la personne _____ je t'ai parlé.

7. Elle porte une robe _____ est très chère.

8. Le pays _____ tu habites est très beau.

9. Nous cherchons les employés _____ parlent couramment anglais.

10. Dans la gare, elle regarde le train _____ part.

Écoute

경청은 지혜의 특권이다.

🎧 18-3

녹음을 듣고 빈칸을 채워 보세요.

❶ Je ne comprends pas _____ .

❷ Dis-moi _____ .

❸ Où est le gâteau _____ ?

❹ J'ai rencontré une fille _____ Céline.

❺ C'est la personne _____ .

📄 쓰기는 의식을 재구조화한다.

다음 문장들을 관계대명사를 사용하여 하나의 문장으로 연결해 보세요.

C'est le gâteau au chocolat. J'ai fait ce gâteau.

→ C'est le gâteau au chocolat que j'ai fait.

① C'est le film coréen. Il est sorti en 2020.

→ _____

② C'est le livre de français. J'ai besoin du livre pour mon cours.

→ _____

③ C'est la femme française. Elle m'aime.

→ _____

④ Je lis le livre. Mon copain m'a acheté le livre.

→ _____

⑤ C'est l'homme. J'ai rencontré l'homme hier.

→ _____

Expression orale

말할 권리를 절대 옹호한다.

다음 문장을 관계사를 사용하여 완성하고 말해 보세요.

1 J'ai un ami qui _____

2 J'ai vu le film dont _____

3 C'est la ville où _____

4 Il y a beaucoup de gens qui _____

5 Dites-moi ce que _____

19

J'aimerais améliorer mon français.

나는 프랑스어를 향상시키고 싶어.

핵심 문법 표현 ❗

1

> Je voudrais un café, s'il vous plaît.
> 커피 한 잔 주세요.

2

> Je prendrais un croissant, s'il vous plaît.
> 크루아상 하나 할게요.

3

> Je voudrais améliorer mon français.
> 프랑스어를 향상시키고 싶어요.

4

> Si j'étais un animal, je serais un lion.
> 만약에 내가 동물이라면, 사자일 거야.

Conversation

인류는 소통하였기에 생존하였다.

대화

🎧 19-1

Serveur	Vous avez choisi? Désirez-vous prendre un apéritif?
Cliente	Oui, je voudrais un kir s'il vous plaît.
Serveur	Et comme entrée?
Cliente	Je voudrais une salade niçoise s'il vous plaît.
Serveur	Très bien. Et en plat principal?
Cliente	Je prendrais un steak-frites.
Serveur	Quelle cuisson pour la viande?
Cliente	Saignant, s'il vous plaît.
Serveur	Voulez-vous un peu de vin pour accompagner le repas?
Cliente	Oui, je prendrais un verre de Sauvignon et une bouteille d'eau minérale s'il vous plaît.
Serveur	Vous avez choisi votre dessert?
Cliente	Pas encore, je vais choisir plus tard.
Serveur	D'accord. Merci, madame.

VOCABULAIRE

apéritif 식전 술
entrée 전채 요리
niçois 니스식의
plat principal 메인 요리
frite 감자튀김
cuisson 굽기
saignant (고기) 레어, 설익힌
accompagner 곁들이다
repas 식사
verre (술, 물의) 잔
bouteille 병
dessert 디저트
choisir 선택하다

웨이터	고르셨나요? 아페리티프를 원하십니까?
손님	네, 키르 주세요.
웨이터	그리고 전채 요리로 뭘 드시겠습니까?
손님	니스식 샐러드로 주세요.
웨이터	네. 그리고 메인 요리는요?
손님	감자튀김을 곁들인 스테이크로 할게요.
웨이터	고기 굽기는 어떻게 원하세요?
손님	레어로 주세요.
웨이터	식사에 곁들일 와인을 원하세요?
손님	네, 소비뇽 한 잔과 미네랄 워터 한 병 주세요.
웨이터	디저트를 고르셨나요?
손님	아직이요, 나중에 선택할게요.
웨이터	알겠습니다. 감사합니다.

조건법 현재
(Le conditionnel présent)

조건법 현재란 예의, 바람, 조언, 가정 등을 표현하는 동사의 변화형을 말한다. 특히 vouloir, aimer 의 조건법은 주문, 요청 등을 할 때 예의바른 표현으로 매우 자주 사용한다.

1 규칙 동사의 조건법 현재 변화

1) 1군, 2군 동사의 조건법

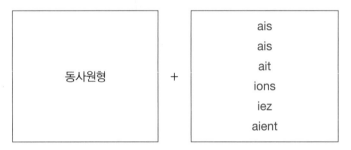

EXEMPLES

① **parler 동사의 조건법** : 동사원형 parler + 반과거 어미 ais, ais, ait, ions, iez, aient

= je parlerais, tu parlerais, il/elle/on parlerait, nous parlerions, vous parleriez, ils/elles parleraient

② **finr 동사의 조건법** : 동사원형 finir + 반과거 어미 ais, ais, ait, ions, iez, aient

= je finirais, tu finirais, il/elle/on finirait, nous finirions, vous finiriez, ils/elles finiraient

2) 어미가 e 로 끝나는 3군 동사의 조건법

e 로 끝나는 동사는 e 를 생략하고 반과거 어미(ais, ais, ait, ions, iez, aient)를 붙인다. 하지만, 모든 3군 동사에 해당하지는 않는다.

EXEMPLES

① **prendre** 동사의 조건법 : prendr + 반과거 어미 ais, ais, ait, ions, iez, aient

= je prendrais, tu prendrais, il/elle/on prendrait, nous prendrions, vous prendriez, ils/elles prendraient

② **dire** 동사의 조건법 : dir + 반과거 어미 ais, ais, ait, ions, iez, aient

= je dirais, tu dirais, il/elle/on dirait, nous dirions, vous diriez, ils/elles diraient

2 불규칙 동사의 조건법 현재 변화

3군 불규칙 동사는 단순 미래의 어간에 반과거 어미를 붙여 만든다.

EXEMPLES

동사원형	단순 미래 어간 + 반과거 어미 = 조건법			
vouloir	voudr	+ ais	=	je voudrais
pouvoir	pourr	+ ais	=	je pourrais
devoir	devr	+ ais	=	je devrais
être	ser	+ ais	=	je serais
avoir	aur	+ ais	=	j'aurais
faire	fer	+ ais	=	je ferais
aller	ir	+ ais	=	j'irais

문법

언어는 본능이 아니다.

Grammaire

3 조건법의 용법

1) 정중한 표현

Je voudrais un café, s'il vous plaît.   커피 한 잔 주세요.
Tu pourrais m'aider?   나를 도와줄 수 있어?

2) 바람의 표현

Je voudrais améliorer mon français.   저는 프랑스어를 향상시키고 싶어요.
= J'aimerais améliorer mon français.

Elle voudrait te voir.   그녀가 널 만나고 싶어 해.
= Elle aimerait te voir.

ATTENTION!

aimer 동사의 조건법 현재는 동사의 원래 의미인 '좋아하다'로 사용하지 않고, 바람(un souhait)을 나타내는 의미로 사용한다. 따라서 je voudrais 와 같은 의미로 사용한다.

3) 조언, 충고의 표현

Tu devrais partir plus tôt.   너는 더 일찍 나가야 할 것 같아.
Vous devriez vous reposer.   쉬셔야 할 것 같아요.

ATTENTION!

조언이나 충고를 할 때 devoir 동사의 조건법을 사용하여 어조를 부드럽게 표현할 수 있다.

4 현재에 대한 가정 (현재 불가능한 일에 대한 가정)

Si + 반과거, 조건법 현재
(〜라면, 〜할 텐데 / 〜할 거야)

Si j'étais un animal, je serais un lion.   만약에 내가 동물이라면, 사자일 거야.
(Je ne peux pas être un lion. Parce que je ne suis pas un animal.)

Si j'avais du temps, je partirais en vacances.   만약에 시간이 있다면, 휴가를 갈 텐데.
(Je ne peux pas partir en vacances maintenant. Parce que je n'ai pas de temps.)

Si je gagnais au loto, j'achèterais une maison.   만약에 복권에 당첨된다면, 집을 살 텐데.
(Je ne peux pas acheter de maison. Parce que je ne gagne pas au loto.)

언어는 질서 속에 짜여진 무늬이다.

Lecture

🎧 19-2

Je voudrais améliorer mon français. Qu'est-ce que tu ferais à ma place?

Si j'étais toi, je regarderais des films en français sous-titrés en coréen, j'écouterais la radio ou des chansons en français, je lirais des livres ou des articles, je prendrais des cours, je réviserais la grammaire et la conjugaison des verbes, je ferais des exercices de grammaire, j'utiliserais un dictionnaire pour enrichir le vocabulaire, je ferais un échange linguistique avec des francophones et je pratiquerais mon français avec eux, je pratiquerais un peu chaque jour. Toutes ces façons pourraient être utiles pour améliorer ton français.

VOCABULAIRE	
améliorer	향상시키다
sous-titré	자막이 있는
article	기사
réviser	복습하다
grammaire	문법
conjugaison	동사의 변화
utiliser	사용하다
dictionnaire	사전
enrichir	풍부하게 하다
échange	교환
linguistique	언어의
francophone	프랑스어 사용자
pratiquer	연습하다, 실천하다
eux	(인칭 ils 의 강세형) 그들
façon	방법
utile	유용한

나는 프랑스어를 향상시키고 싶어. 네가 나라면 무엇을 할 거야?
내가 너라면 한국어 자막이 있는 프랑스어로 된 영화를 보고, 라디오나 프랑스어로 된 노래를 듣고, 책이나 기사를 읽거나, 수업을 듣고, 문법과 동사 변화를 복습하고, 문법 연습문제를 풀고, 어휘를 풍부하게 하기 위해 사전을 사용하고, 프랑스어 사용자들과 언어교환을 하고 그들과 함께 프랑스어를 연습하고 매일 조금씩 연습할 거야. 이런 모든 방법들이 너의 프랑스어를 향상시키는 데 유용할 거야.

1   조건법 현재 변화를 써 보세요.

❶ Je _____ (vouloir)

❷ Tu _____ (pouvoir)

❸ Elle _____ (aimer)

❹ Je _____ (prendre)

❺ Vous _____ (devoir)

2   다음 문장을 조건법 현재로 변화시키세요.

❶ Je prends un café, s'il vous plaît.

  → _____

❷ Elle aime apprendre le coréen.

  → _____

❸ Tu dois prendre un taxi pour aller au travail.

  → _____

❹ On veut rencontrer le directeur.

  → _____

❺ Vous pouvez m'aider?

  → _____

 19-3

녹음을 듣고 빈칸을 채워 보세요.

❶ _____ une baguette?

❷ _____ plus attention.

❸ _____ la porte?

❹ _____ une table pour demain soir.

❺ _____ une salade de fruits comme entrée.

다음 문장을 괄호 안 동사의 조건법을 사용하여 프랑스어로 써 보세요.

1 너는 집에서 쉬어야 할 것 같아. (devoir)

_____

2 밖이 추워. 너는 외투를 입어야 할 것 같아. (devoir)

_____

3 제가 이 컴퓨터를 사용해도 될까요? (pouvoir)

_____

4 저한테 한국어로 말해주시겠어요? (pouvoir)

_____

5 저의 프랑스어를 향상시키고 싶어요. (vouloir)

_____

말하기

🎙 말할 권리를 절대 옹호한다.

Expression orale

1 다음 동사의 조건법을 사용하여 예의, 바람, 조언의 문장을 쓰고 말해 보세요.

❶ pouvoir : _____

❷ aimer : _____

❸ devoir : _____

2 현재에 대한 가정법으로 문장을 완성하여 말해 보세요.

❶ Si j'avais beaucoup d'argent, je _____

❷ Si j'étais une couleur, je _____

❸ Si j'étais un animal, je _____

Leçon 20

Le musée est ouvert tous les jours sauf le mardi.

박물관은 화요일을 제외하고 매일 문을 엽니다.

1 Le musée est ouvert tous les jours.
박물관은 매일 문을 엽니다.

2 Le musée a été ouvert en 1990.
박물관은 1990년에 문을 열었습니다.

3 Le musée sera ouvert l'année prochaine.
박물관은 내년에 문을 엽니다.

🎧 20-1

Annonce 1

Mesdames et messieurs, il est 17 h 50. Le musée ferme ses portes dans dix minutes. Nous vous rappelons que le musée est ouvert de 9 heures à 18 heures tous les jours sauf le mardi. Le mercredi et le vendredi est ouvert jusqu'à 21 h 45.

Annonce 2

Mesdames et messieurs, votre attention s'il vous plaît. Le vol Air France 1350 en provenance de Corée du Sud est annoncé avec un retard de 35 minutes. Veuillez nous excuser pour la gêne occasionnée.

Annonce 3

Mesdames et messieurs, nous vous informons que notre magasin sera fermé pendant la période des fêtes de Noël. Merci pour votre compréhension.

VOCABULAIRE

mesdames
madame의 복수형

messieurs
monsieur의 복수형

fermer ses portes
문을 닫다

dans (시간) ~후에

rappeler 상기시키다

ouvrir 열다

sauf 제외한

jusqu'à ~까지

vol 비행편

en provenance de
~에서 오는, 출발한

Corée du Sud
대한민국, 남한

annoncer 알리다

retard 지연

excuser 용서하다

gêne 불편

occasionné 유발된, 발생한

informer 알리다

période 기간

compréhension 이해

여러분, 오후 5시 50분입니다. 박물관은 10분 후에 문을 닫습니다. 박물관은 화요일을 제외하고 매일 오전 9시부터 오후 6시까지 문 여는 것을 상기시켜 드립니다. 수요일과 금요일은 저녁 9시 45분까지 운영합니다.

여러분, 주의 부탁드립니다. 대한민국에서 출발한 에어 프랑스 1350 항공편이 35분 지연됨을 안내 드립니다. 불편을 드려 죄송합니다.

여러분, 크리스마스 축제 기간 동안 저희 상점이 폐점한다는 것을 알려 드립니다. 이해해 주셔서 감사합니다.

능동태와 수동태
(La voix active et la voix passive)

능동태는 무엇인가?
〈주어 + 동사 + 직접목적어〉의 구조로 '~가 ~를 한다'는 문장을 능동태라 한다. 즉, 주어가 행동의 주체가 되는 문장을 말한다.

수동태는 무엇인가?
능동태에서 '직접목적어'였던 명사를 '주어'로 사용하면서 '~가 ~되다'는 문장을 수동태라 한다. 즉, 주어가 행위를 당하는 문장을 말한다.

1 능동태(la voix active)와 수동태(la voix passive)의 차이

| Paul | prépare | le dîner. | 폴이 저녁 식사를 준비한다. | → 능동태 |
| 주어 | 능동동사 | 직접목적어 | | |

| Le dîner | est préparé | par Paul. | 저녁 식사가 폴에 의해 준비된다. | → 수동태 |
| 주어 | 수동동사 | 동작주 보어 | | |

EXEMPLES

능동태 (~하다)	수동태 (~되다)
On utilse le téléphone portable. 휴대폰을 사용하다.	Le téléphone portable est utilisé. 휴대폰이 사용된다.
On prépare le repas. 식사를 준비하다.	Le repas est préparé. 식사가 준비된다.
On aime cette chanson. 이 노래를 사랑하다.	Cette chanson est aimée. 이 노래는 사랑받는다.
On interdit ce film. 이 영화를 금지하다.	Ce film est interdit. 이 영화는 금지된다.

2 수동태의 형태

수동태는 être + 과거분사로 만들며, 주어에 따라 과거분사를 성수 일치한다.

1) 수동태 현재

être 현재 변화 + 과거분사

Le musée est fermé.   박물관이 문을 닫는다. (fermé: fermer의 과거분사)
Le musée est ouvert.   박물관이 문을 연다. (ouvert: ouvrir의 과거분사)
La chanson est aimée.   노래가 사랑받는다. (aimé: aimer의 과거분사)
Les jeux olympiques sont célébrés.   올림픽이 거행된다. (célébré: célébrer의 과거분사)

2) 수동태 복합 과거

avoir 현재 변화 + été + 과거분사

Le musée a été fermé.   박물관이 문을 닫았다.
Le musée a été ouvert.   박물관이 문을 열었다.
La chanson a été aimée.   노래가 사랑받았다.
Les jeux olympiques ont été célébrés.   올림픽이 거행되었다.

3) 수동태 단순 미래

être 단순 미래 + 과거분사

Le musée sera fermé.   박물관이 문을 닫을 것이다.
Le musée sera ouvert.   박물관이 문을 열 것이다.
La chanson sera aimée.   노래가 사랑받을 것이다.
Les jeux olympiques seront célébrés.   올림픽이 거행될 것이다.

3 수동태의 문장 활용

Les habitants de Paris sont appelés parisiens.
파리의 주민들은 파리지앵으로 불린다.

Le musée du Louvre a été ouvert en 1793.
루브르 박물관은 1793년에 개관했다.

La Tour Eiffel a été construite par l'ingénieur Gustave Eiffel en 1887.
에펠탑은 1887년에 엔지니어 구스타브 에펠에 의해 건축되었다.

Le film Parasite a été réalisé par Bon Jun-ho.
영화 기생충은 봉준호가 감독했다.

Les jeux olympiques d'été de 2024 seront célébrés à Paris.
2024 하계 올림픽이 파리에서 거행될 것이다.

appeler 부르다
(과거분사 : appelé)

ouvrir 열다
(과거분사 : ouvert)

construire 건축하다
(과거분사 : construit)

réaliser 감독하다
(과거분사 : réalisé)

célébrer 거행하다
(과거분사 : célébré)

🎧 20-2

Le Vélib'

Le Vélib' est un système libre-service de location de vélo. Vélib est un mot-valise 'vélo' et 'liberté'. Il a été mis en place en 2007 par la Mairie de Paris pour inciter les Parisiens à laisser leurs voitures au garage et à se déplacer plus souvent à vélo.

Pour louer un vélib, trois façons sont proposées : soit on fait un abonnement pour une journée, soit un abonnement pour une semaine, soit un abonnement pour une année. Les vélos sont libérés de leur parking grâce à la carte magnétique. Ils peuvent être rendus à la station la plus proche. La première demi-heure est gratuite. Puis, c'est un euro pour une demi-heure supplémentaire. Le service est disponible sept jours sur sept, vingt-quatre heures sur vingt-quatre. Un numéro d'information est ouvert du lundi au samedi de 9 h à 19 h (le 01 30 79 79 30).

벨리브

'벨리브'는 셀프 자전거 대여 시스템이다. 벨리브는 '자전거'와 '자유'라는 단어의 혼성어다. 파리 사람들이 주차장에 차를 두고 자전거로 더 자주 다니는 것을 장려하기 위해 파리시청에 의해 2007년에 시행되었다.

벨리브를 빌리려면 세 가지 방법이 제안된다. 일일권을 사용하거나, 일주일 정기권을 사용하거나 일년 정기권을 사용할 수 있다. 마그네틱 카드로 주차장에서 자전거를 분리하고, 가장 근접한 정류장에 반납할 수 있다. 첫 30분은 무료이고, 그 후에 추가 30분은 1유로이다. 이 서비스는 주 7일, 하루 24시간 이용 가능하다. 안내 번호는 월요일에서 토요일 오전 9시부터 저녁 7시까지 (01 30 79 79 30) 열려 있다.

Exercices

반복이 언어 성장의 힘이다.

1 능동태를 수동태 현재로 변화시키세요.

> On aime cette chanson. → Cette chanson est aimée.
> 우리는 이 노래를 사랑한다.   이 노래는 사랑받는다.

❶ On prépare le dîner.

→ _____

❷ On utilise la tablette.

→ _____

❸ On interdit le tabac.

→ _____

2 1번에서 수동태 현재로 만든 문장을 수동태 복합 과거로 변화시키세요.

❶ _____

❷ _____

❸ _____

3 1번에서 수동태 현재로 만든 문장을 수동태 단순 미래로 변화시키세요.

❶ _____

❷ _____

❸ _____

🎧 20-3

녹음을 듣고 빈칸을 채워 보세요.

① Le train numéro 676 à destination de Nice _____ avec un retard de 20 minutes.

② Le musée de Picasso _____ tous les jours sauf le lundi.

③ Le français _____ dans de nombreux pays.

④ Les habitants de Lyon _____ lyonnais.

⑤ Le Petit Prince _____ par Saint-Exupéry.

Écriture

1 다음 문장을 괄호 안의 동사를 사용하여 수동태 현재로 써 보세요.

❶ 박물관은 매주 월요일마다 문을 닫습니다. (fermer : 닫다)

_____

❷ 공원은 오전 8시부터 저녁 8시까지 엽니다. (ouvrir : 열다)

_____

❸ 이 좌석은 이미 예약되어 있습니다. (réserver : 예약하다)

_____

2 다음 문장을 괄호 안의 동사를 사용하여 수동태 과거로 써 보세요.

❶ 그 프랑스어 수업이 취소되었습니다. (annuler : 취소하다)

_____

❷ 제 차는 팔렸습니다. (vendre : 팔다)

_____

❸ 제 여권이 분실되었습니다. (perdre : 분실하다)

_____

다음 문장을 수동태 현재 또는 수동태 과거를 사용하여 완성하고 말해 보세요.

① **annuler**

Le concert _____

② **parler**

Le français _____

③ **utiliser**

Le smartphone _____

④ **ouvrir**

Le restaurant _____

⑤ **écrire**

Le livre _____

Appendie

1 | La conjugaison des verbes 동사 변화 표

parler (말하다)

인칭	현재	반과거	복합 과거	단순 미래	조건법
je	parle	parlais	ai parlé	parlerai	parlerais
tu	parles	parlais	as parlé	parleras	parlerais
il, elle	parle	parlait	a parlé	parlera	parlerait
nous	parlons	parlions	avons parlé	parlerons	parlerions
vous	parlez	parliez	avez parlé	parlerez	parleriez
ils, elles	parlons	parlaient	ont parlé	parleront	parleraient

manger (먹다, 식사하다)

인칭	현재	반과거	복합 과거	단순 미래	조건법
je	mange	mangeais	ai mangé	mangerai	mangerais
tu	manges	mangeais	as mangé	mangeras	mangerais
il, elle	mange	mangeait	a mangé	mangera	mangerait
nous	mangeons	mangions	avons mangé	mangerons	mangerions
vous	mangez	mangiez	avez mangé	mangerez	mangeriez
ils, elles	mangent	mangeaient	ont mangé	mangeront	mangeraient

acheter (사다, 구매하다)

인칭	현재	반과거	복합 과거	단순 미래	조건법
je	achète	achetais	ai acheté	achèterai	achèterais
tu	achètes	achetais	as acheté	achèteras	achèterais
il, elle	achète	achetait	a acheté	achètera	achèterait
nous	achetons	achetions	avons acheté	achèterons	achèterions
vous	achetez	achetiez	avez acheté	achèterez	achèteriez
ils, elles	achètent	achetaient	ont acheté	achèteront	achèteraient

payer (지불하다)

인칭	현재	반과거	복합 과거	단순 미래	조건법
je	paie	payais	ai payé	payerai	payerais
tu	paies	payais	as payé	payeras	payerais
il, elle	paie	payait	a payé	payera	payerait
nous	payons	payions	avons payé	payerons	payerions
vous	payez	payiez	avez payé	payerez	payeriez
ils, elles	paient	payaient	ont payé	payeront	payeraient

finir (끝내다, 마치다)

인칭	현재	반과거	복합 과거	단순 미래	조건법
je	finis	finissais	ai fini	finirai	finirais
tu	finis	finissais	as fini	finiras	finirais
il, elle	finit	finissait	a fini	finira	finirait
nous	finissons	finissions	avons fini	finirons	finirions
vous	finissez	finissiez	avez fini	finirez	finiriez
ils, elles	finissent	finissaient	ont fini	finiront	finiraient

être (~이다, ~있다)

인칭	현재	반과거	복합 과거	단순 미래	조건법
je	suis	étais	ai été	serai	serais
tu	es	étais	as été	seras	serais
il, elle	est	était	a été	sera	serait
nous	sommes	étions	avons été	serons	serions
vous	êtes	étiez	avez été	serez	seriez
ils, elles	sont	étaient	ont été	seront	seraient

avoir (가지다, 소유하다)

인칭	현재	반과거	복합 과거	단순 미래	조건법
je	ai	avais	ai eu	aurai	aurais
tu	as	avais	as eu	auras	aurais
il, elle	a	avait	a eu	aura	aurait
nous	avons	avions	avons eu	aurons	aurions
vous	avez	aviez	avez eu	aurez	auriez
ils, elles	ont	avaient	ont eu	auront	auraient

aller (가다)

인칭	현재	반과거	복합 과거	단순 미래	조건법
je	vais	allais	suis allé	irai	irais
tu	vas	allais	es allé	iras	irais
il, elle	va	allait	est allé(e)	ira	irait
nous	allons	allions	sommes allés	irons	irions
vous	allez	alliez	êtes allés	irez	iriez
ils, elles	vont	allaient	sont allé(e)s	iront	iraient

faire (하다, 만들다)

인칭	현재	반과거	복합 과거	단순 미래	조건법
je	fais	faisais	ai fait	ferai	ferais
tu	fais	faisais	as fait	feras	ferais
il, elle	fait	faisait	a fait	fera	ferait
nous	faisons	faisions	avons fait	ferons	ferions
vous	faites	faisiez	avez fait	ferez	feriez
ils, elles	font	faisaient	ont fait	feront	feraient

prendre (타다, 잡다)

인칭	현재	반과거	복합 과거	단순 미래	조건법
je	prends	prenais	ai pris	prendrai	prendrais
tu	prends	prenais	as pris	prendras	prendrais
il, elle	prend	prenait	a pris	prendra	prendrait
nous	prenons	prenions	avons pris	prendrons	prendrions
vous	prenez	preniez	avez pris	prendrez	prendriez
ils, elles	prennent	prenaient	ont pris	prendront	prendraient

répondre (대답하다)

인칭	현재	반과거	복합 과거	단순 미래	조건법
je	réponds	répondais	ai répondu	répondrai	répondrais
tu	réponds	répondais	as répondu	répondras	répondrais
il, elle	répond	répondait	a répondu	répondra	répondrait
nous	répondons	répondions	avons répondu	répondrons	répondrions
vous	répondez	répondiez	avez répondu	répondrez	répondriez
ils, elles	répondent	répondaient	ont répondu	répondront	répondraient

partir (떠나다, 출발하다)

인칭	현재	반과거	복합 과거	단순 미래	조건법
je	pars	partais	suis parti	partirai	partirais
tu	pars	partais	es parti	partiras	partirais
il, elle	part	partait	est parti(e)	partira	partirait
nous	partons	partions	sommes partis	partirons	partirions
vous	partez	partiez	êtes partis	partirez	partiriez
ils, elles	partent	partaient	sont parti(e)s	partiront	partiraient

dire (말하다)

인칭	현재	반과거	복합 과거	단순 미래	조건법
je	dis	disais	ai dit	dirai	dirais
tu	dis	disais	as dit	diras	dirais
il, elle	dit	disait	a dit	dira	dirait
nous	disons	disions	avons dit	dirons	dirions
vous	dites	disiez	avez dit	direz	diriez
ils, elles	disent	disaient	ont dit	diront	diraient

lire (읽다)

인칭	현재	반과거	복합 과거	단순 미래	조건법
je	lis	lisais	ai lu	lirai	lirais
tu	lis	lisais	as lu	liras	lirais
il, elle	lit	lisait	a lu	lira	lirait
nous	lisons	lisions	avons lu	lirons	lirions
vous	lisez	lisiez	avez lu	lirez	liriez
ils, elles	lisent	lisaient	ont lu	liront	liraient

écrire (쓰다)

인칭	현재	반과거	복합 과거	단순 미래	조건법
je	écris	écrivais	ai écrit	écrirai	écrirais
tu	écris	écrivais	as écrit	écriras	écrirais
il, elle	écrit	écrivait	a écrit	écrira	écrirait
nous	écrivons	écrivions	avons écrit	écrirons	écririons
vous	écrivez	écriviez	avez écrit	écrirez	écririez
ils, elles	écrivent	écrivaient	ont écrit	écriront	écriraient

connaître (알다)

인칭	현재	반과거	복합 과거	단순 미래	조건법
je	connais	connaissais	ai connu	connaîtrai	connaîtrais
tu	connais	connaissais	as connu	connaîtras	connaîtrais
il, elle	connaît	connaissait	a connu	connaîtra	connaîtrait
nous	connaissons	connaissions	avons connu	connaîtrons	connaîtrions
vous	connaissez	connaissiez	avez connu	connaîtrez	connaîtriez
ils, elles	connaissent	onnaissaient	ont connu	connaîtront	connaîtraient

savoir (알다, ~할 줄 알다)

인칭	현재	반과거	복합 과거	단순 미래	조건법
je	sais	savais	ai su	saurai	saurais
tu	sais	savais	as su	sauras	saurais
il, elle	sait	savait	a su	saura	saurait
nous	savons	savions	avons su	saurons	saurions
vous	savez	saviez	avez su	saurez	sauriez
ils, elles	savent	savaient	ont su	sauront	sauraient

venir (오다)

인칭	현재	반과거	복합 과거	단순 미래	조건법
je	viens	venais	suis venu	viendrai	viendrais
tu	viens	venais	es venu	viendras	viendrais
il, elle	vient	venait	est venu(e)	viendra	viendrait
nous	venons	venions	sommes venus	viendrons	viendrions
vous	venez	veniez	êtes venus	viendrez	viendriez
ils, elles	viennent	venaient	sont venu(e)s	viendront	viendraient

mettre (놓다, 넣다)

인칭	현재	반과거	복합 과거	단순 미래	조건법
je	mets	mettais	ai mis	mettrai	mettrais
tu	mets	mettais	as mis	mettras	mettrais
il, elle	met	mettait	a mis	mettra	mettrait
nous	mettons	mettions	avons mis	mettrons	mettrions
vous	mettez	mettiez	avez mis	mettrez	mettriez
ils, elles	mettent	mettaient	ont mis	mettront	mettraient

vouloir (원하다)

인칭	현재	반과거	복합 과거	단순 미래	조건법
je	veux	voulais	ai voulu	voudrai	voudrais
tu	veux	voulais	as voulu	voudras	voudrais
il, elle	veut	voulait	a voulu	voudra	voudrait
nous	voulons	voulions	avons voulu	voudrons	voudrions
vous	voulez	vouliez	avez voulu	voudrez	voudriez
ils, elles	veulent	voulaient	ont voulu	voudront	voudraient

pouvoir (할 수 있다)

인칭	현재	반과거	복합 과거	단순 미래	조건법
je	peux	pouvais	ai pu	pourrai	pourrais
tu	peux	pouvais	as pu	pourras	pourrais
il, elle	peut	pouvait	a pu	pourra	pourrait
nous	pouvons	pouvions	avons pu	pourrons	pourrions
vous	pouvez	pouviez	avez pu	pourrez	pourriez
ils, elles	peuvent	pouvaient	ont pu	pourront	pourraient

devoir (해야 한다)

인칭	현재	반과거	복합 과거	단순 미래	조건법
je	dois	devais	ai dû	devrai	devrais
tu	dois	devais	as dû	devras	devrais
il, elle	doit	devait	a dû	devra	devrait
nous	devons	devions	avons dû	devrons	devrions
vous	devez	deviez	avez dû	devrez	devriez
ils, elles	doivent	devaient	ont dû	devront	devraient

voir (보다, 보이다)

인칭	현재	반과거	복합 과거	단순 미래	조건법
je	vois	voyais	ai vu	verrai	verrais
tu	vois	voyais	as vu	verras	verrais
il, elle	voit	voyait	a vu	verra	verrait
nous	voyons	voyions	avons vu	verrons	verrions
vous	voyez	voyiez	avez vu	verrez	verriez
ils, elles	voient	voyaient	ont vu	verront	verraient

recevoir (받다)

인칭	현재	반과거	복합 과거	단순 미래	조건법
je	reçois	recevais	ai reçu	recevrai	recevrais
tu	reçois	recevais	as reçu	recevras	recevrais
il, elle	reçoit	recevait	a reçu	recevra	recevrait
nous	recevons	recevions	avons reçu	recevrons	recevrions
vous	recevez	receviez	avez reçu	recevrez	recevriez
ils, elles	reçoivent	recevaient	ont reçu	recevront	recevraient

2   Les nombres en français   프랑스어 숫자

0	zéro	20	vingt	70	soixante-dix
1	un	21	vingt et un	71	soixante et onze
2	deux	22	vingt-deux	72	soixante-douze
3	trois	23	vingt-trois	73	soixante-treize
4	quatre	30	trente	80	quartre-vingts
5	cinq	31	trente et un	81	quartre-vingt-un
6	six	32	trente-deux	82	quartre-vingt-deux
7	sept	33	trente-trois	83	quartre-vingt-trois
8	huit	40	quarante	90	quartre-vingt-dix
9	neuf	41	quarante et un	91	quartre-vingt-onze
10	dix	42	quarante-deux	92	quartre-vingt-douze
11	onze	43	quarante-trois	93	quartre-vingt-treize
12	douze	50	cinquante	100	cent
13	treize	51	cinquante et un	101	cent un
14	quatorze	52	cinquante-deux	102	cent deux
15	quinze	53	cinquante-trois	200	deux cents
16	seize	60	soixante	201	deux cent un
17	dix-sept	61	soixante et un	1 000	mille
18	dix-huit	62	soixante-deux	10 000	dix mille
19	dix-neuf	63	soixante-trois	100 000	cent mille

Les jours 요일

월	화	수	목	금	토	일
lundi	mardi	mercredi	jeudi	vendredi	samedi	dimanche

Les mois 달

1월	2월	3월	4월	5월	6월
janvier	février	mars	avril	mai	juin
7월	8월	9월	10월	11월	12월
juillet	août	septembre	octobre	novembre	décembre

Les saisons 계절

봄	여름	가을	겨울
le printemps	l'été	l'automne	l'hiver

Leçon 01

연습문제 1

❶ fais ❷ vais ❸ fait ❹ faites
❺ vois

연습문제 2

❶ au ❷ à la ❸ au ❹ à l'
❺ aux

듣기

Le matin je **me lève** à 6 heures. Je **me prépare** pour aller au travail. Je **quitte** la maison à 7 heures et je prends le métro. J'**arrive** à 8 heures au travail et je **commence** à travailler. À midi, je déjeune dans un restaurant avec des collègues. L'après-midi, je **suis** fatigué et j'**ai** sommeil. Je **termine** à 18 heures et je rentre à la maison. Je **dîne** à 19 heures avec ma famille. Le soir, je **regarde** la télé et je **me couche** à 11 heures.

쓰기

❶ 타동사 Je réveille mon enfant le matin.
　재귀적 용법 Je me réveille à sept heures le matin.
❷ 타동사 Je promène mon chien.
　재귀적 용법 Je me promène au parc.
❸ 타동사 Je prépare mon repas(le repas).
　재귀적 용법 Je me prépare pour aller au travail.
❹ 타동사 Je vois mes amis le week-end.
　상호적 용법 On se voit le week-end.
❺ 타동사 Je téléphone à mon petit ami.
　　　　 (= à mon petit copain.)
　상호적 용법 On se téléphone.

말하기

❶ 번역 아침에 몇 시에 일어나요?
　대답 Je me lève à six heures.
❷ 번역 저녁에 몇 시에 자러 가요?
　대답 Je me couche à onze heures.
❸ 번역 보통, 주말에 늦잠을 자나요?
　대답 Oui, je fais la grasse matinée.
❹ 번역 매일 운동해요?
　대답 Oui, je fais du tennis tous les jours. / Oui, je fais de la natation tous les jours.
❺ 번역 보통, 주말에 뭐 해요?
　대답 Je vois mes amis. / Je vais au cinéma avec des amis. / Je me repose à la maison.

Leçon 02

연습문제 1

❶ stressée ❷ première
❸ mignonne ❹ heureuse
❺ belle ❻ nouvelle
❼ chère ❽ ancienne
❾ historique ❿ traditionnelle

연습문제 2

❶ Ils sont mignons.
❷ Elles sont stressées.
❸ Les quartiers sont vieux.

④ Les maisons sont anciennes.

⑤ Les paysages sont beaux.

❶ **Que pensez-vous** de Séoul?

❷ **Je pense que** Séoul est une ville **très dynamique** et **très historique**.

❸ **Je pense que** Séoul est **une belle ville**.

❹ Les Parisiens sont **désagréables**.

❺ Les baguettes **françaises** sont **très délicieuses**.

쓰기

❶ Paris est une grande ville.

❷ Le loyer à Paris est cher.

❸ Séoul est une ville historique.

❹ Je pense que les Parisiens sont romantiques.

❺ Le Marais est un vieux quartier.

말하기

❶ 번역 서울에 거주하나요 또는 다른 도시에 거주하나요?

대답 J'habite à Séoul. / J'habite dans une autre ville, à Busan.

❷ 번역 서울이 역동적인 도시라고 생각하세요?

대답 Oui, je pense que Séoul est une ville très dynamique.

❸ 번역 서울에는 오래된 동네가 많은가요?

대답 Oui, il y a beaucoup de vieux quartiers comme Insadong.

❹ 번역 파리 사람들이 불친절하다고 생각하나요?

대답 Oui, je pense qu'ils sont un peu désagréables.

⑤ 번역 파리에 대해 어떻게 생각해요?

대답 Je pense que Paris est une ville dynamique, historique, culturelle.

Leçon
03

연습문제 1

❶ très　　　　❷ très

❸ beaucoup　　❹ très

❺ beaucoup

연습문제 2

❶ bien　　　　❷ bien

❸ bon　　　　❹ bien

❺ bon

듣기

❶ Comment célébrez-vous votre **anniversaire de naissance**?

❷ Je passe une bonne soirée et je suis **tellement heureuse**!

❸ On dîne **ensemble**.

❹ Il y a **toujours** un bon repas.

❺ Je préfère **voyager seul**.

쓰기

❶ J'ai trop de travail.

❷ Dehors, il fait très froid.

= Il fait très froid dehors.

❸ J'ai très faim.

❹ On va au cinéma tous les week-ends.

= Tous les week-ends, on va au cinéma.

❺ Le temps passe très vite.

말하기

① 번역 영화관에 자주 가세요?

대답 Oui, je vais souvent au cinéma. /
Oui, je vais au cinéma une fois par
semaine. / Oui, je vais au cinéma
tous les week-ends.

② 번역 요즘 일이 많아요?

대답 Oui, j'ai beaucoup de travail. /
Oui, j'ai trop de travail. /
Non, je n'ai pas beaucoup de travail.

③ 번역 노래를 잘해요?

대답 Oui, je chante bien. /
Non, je ne chante pas bien. /
Non, je chante mal.

④ 번역 매년 생일을 기념하세요?

대답 Oui, je célèbre mon anniversaire
tous les ans. / Non, je ne célèbre
pas mon anniversaire.

⑤ 번역 생일을 어떻게 기념하세요?

대답 J'invite mes amis à la maison. /
Je fais une fête d'anniversaire avec
ma famille.

Leçon 04

연습문제 1

① plus de
② plus
③ aussi
④ autant de
⑤ moins de

연습문제 2

① mieux
② mieux
③ meilleure
④ mieux
⑤ meilleur

듣기

① faux
② vrai
③ faux
④ faux
⑤ vrai

듣기 스크립트

Marc a vingt-huit ans et Julien a trente-huit
ans.

Marc parle français, anglais, coréen et
Julien parle français, anglais.

Marc travaille cinq jours par semaine. Julien
aussi, il travaille cinq jours par semaine.

Marc a trois ans d'expériences
professionnelles et Julien a six ans
d'expériences professionnelles.

Marc est marié et il a deux enfants. Julien
aussi, il est marié et il a un enfant.

쓰기

① Quel est le monument le plus connu
(= le plus célèbre) de France?

② La Tour Eiffel est le monument le plus
connu (= le plus célèbre) de France.

③ Quelle est la plus grande ville de Corée?

④ Séoul est la plus grande ville de Corée.

⑤ Séoul est la ville la plus peuplée de
Corée.

말하기

① 번역 이전보다 일을 더 많이 해요?

대답 Oui, je travaille plus qu'avant. /
Non, je travaille moins qu'avant.

② 번역 이전보다 더 일찍 일어나요?

대답 Oui, je me lève plus tôt qu'avant. /
Non, je me lève moins tôt qu'avant.

③ 번역 영어보다 프랑스어를 더 잘해요?

대답 Oui, je parle mieux le français. /
Non, je parle mieux l'anglais.

④ 번역 여러분 생각에, 가장 어려운 언어는 무엇인가요?

대답 Selon moi, le français est la langue
la plus difficile.

⑤ 번역 여러분 생각에, 한국에서 가장 아름다운 도시
는 어디인가요?

대답 Selon moi, Séoul est la plus belle
ville de Corée.

Leçon 05

연습문제 1

① prends   ② apprend

③ comprends   ④ prenez

⑤ prend

연습문제 2

① entends   ② descends

③ descendez   ④ répondez

⑤ attendons

듣기

① Réponse 2   ② Réponse 5

③ Réponse 4   ④ Réponse 3

⑤ Réponse 1

듣기 스크립트

① D'où viens-tu?

② Normalement, tu fais quoi le week-end?

③ Normalement, où est-ce que tu vas
après le travail?

④ À quelle heure te lèves-tu le matin?

⑤ Quelle est ta date de naissance?

쓰기 1

① Tu vas où?

② Tu arrives à quelle heure?

③ Tu te lèves à quelle heure le matin?
= Le matin, tu te lèves à quelle heure?

④ Tu déjeunes avec qui?

⑤ Tu habites depuis quand à Paris?

쓰기 2

① Où vas-tu?

② À quelle heure arrives-tu?

③ À quelle heure te lèves-tu?

④ Avec qui déjeunes-tu?

⑤ Depuis quand habites-tu à Paris?

쓰기 3

① Où est-ce que tu vas?

② À quelle heure est-ce que tu arrives?

③ À quelle heure est-ce que tu te lèves?

④ Avec qui est-ce que tu déjeunes?

⑤ Depuis quand est-ce que tu habites à
Paris?

말하기 1

① 번역 어디 출신이에요?

대답 Je viens de Séoul.

② 번역 언제부터 프랑스어를 배우고 있어요?

대답 J'apprends le français depuis un an.

251

❸ 번역 왜 프랑스어를 배워요?
대답 Parce que je vais aller en France pour mes études. / J'apprends le français pour mon travail.

말하기 2

❶ Où habites-tu? / Où travaillez-vous?
❷ Que faites-vous le week-end? / Que prenez-vous au petit-déjeuner?
❸ À quelle heure commencez-vous votre travail? / À quelle heure vous levez-vous le matin?

연습문제

❶ pars
❷ part
❸ dors
❹ dort
❺ sortons

듣기

❶ faux
❷ vrai
❸ faux
❹ vrai
❺ faux

듣기 스크립트

Marie Salut Lucas, tu pars en vacanaces cet été?
Lucas Oui, je pars en Chine. C'est ma troisième visite. Et toi, Marie?
Marie Moi, je ne pars pas en vacances cet été. J'ai trop de travail. Tu pars avec qui?

Lucas Je pars seul. Mais j'ai des amis en Chine.
Marie Tu pars quand?
Lucas Ce jeudi.
Marie Tu vas passer combien de jours là-bas?
Lucas Une semaine.
Marie Allez, bon voyage et bonnes vacances.
Lucas Merci, à toi aussi.

쓰기

❶ Combien de jours travaillez-vous par semaine?
❷ Combien d'heures dormez-vous par nuit?
❸ Combien d'heures regardez-vous la télévision?
❹ Combien de langues parlez-vous?
❺ Ça coûte combien? / Ça fait combien?

말하기

❶ 번역 하루에 몇 시간 자요?
대답 Je dors sept heures par nuit.
❷ 번역 하루에 몇 시간 일해요?
대답 Je travaille huit heures par jour.
❸ 번역 하루에 몇 시간 프랑스어를 공부해요?
대답 J'étudie une heure par jour.
❹ 번역 프랑스어 책을 몇 권 가지고 있어요?
대답 J'ai deux livres de français.
❺ 번역 몇 개 언어를 구사해요?
대답 Je parle deux langues: français, coréen.

연습문제 1

① veux
② veut
③ voulez

연습문제 2

① peux
② peux
③ pouvez

연습문제 3

① dois
② doit
③ devez

연습문제 4

① sais
② sais
③ savent

듣기

① Nicolas Pauline, **tu peux venir** chez moi demain?

Pauline Pourquoi?

Nicolas Pour faire la fête!

Pauline D'accord, je viens **bien sûr**!

② Marie Je fais une fête samedi soir, tu veux venir Marc?

Marc **Je ne peux pas**. Parce que j'ai trop de travail. **Je dois rester** au bureau.

③ Nicolas Marie, qu'est-ce que tu fais samedi?

Marie **Je ne sais pas encore**. Pourquoi?

Nicolas Parce que c'est mon anniversaire. Tu peux venir?

Marie **Avec plaisir**!

④ Aurélie Julien, tu peux venir chez moi samedi soir?

Julien Samedi soir? **Je dois aller** chez mes parents. **Vraiment désolé**!

⑤ Annie Pour mon anniversaire, **je fais une petite fête**. Tu peux venir?

Paul **Pourquoi pas**. Je vais apporter une bouteille de vin.

쓰기

① Qu'est-ce que tu veux faire?
② Où est-ce que tu veux aller?
③ Où est-ce que je peux acheter le ticket?
④ On doit se lever à six heures.
⑤ Est-ce que tu sais conduire?

말하기 1

① 번역 어떤 언어를 배우고 싶어요?

대답 Je veux apprendre l'espagnol.

② 번역 어떤 나라를 관광하고 싶어요?

대답 Je veux visiter l'Italie.

③ 번역 운전할 줄 아세요?

대답 Oui, je sais conduire. / Non, je ne sais pas conduire.

말하기 2

① Je veux aller en France. / Qu'est-ce que tu veux manger?
② Je peux entrer? / Est-ce que tu peux répéter?
③ Je dois travailler le week-end. / À quelle heure est-ce que tu dois partir?

Leçon 08

연습문제 1

❶ cet
❷ cette
❸ cette
❹ cet
❺ ces

연습문제 2

❶ sa
❷ son
❸ leurs
❹ ton
❺ vos

듣기

❶ J'ai trop de travail cette semaine.
❷ Je pars en Italie cet été.
❸ Cet après-midi, on va au parc.
❹ Tes enfants sont tellement adorables!
❺ Où est ma tablette?

쓰기 1

❶ J'ai beaucoup de travail ce week-end.
❷ Je ne pars pas en vacances cet été.
❸ Cet appartement est ancien.

쓰기 2

❶ C'est mon professeur de francais. Il est gentil.
❷ C'est mon petit copain. Il est coréen.
❸ Ce sont mes neveux. Ils sont adorables.

말하기 1

❶ 번역 이 프랑스어 책은 당신 건가요?
   Oui, c'est mon livre de français.

❷ 번역 이 컴퓨터는 당신 건가요?
   Oui, c'est mon ordinateur.
❸ 번역 이 신발은 당신 건가요?
   Oui, ce sont mes chaussures.

말하기 2

❶ 번역 당신의 이메일 주소가 뭐예요?
   대답 Mon adresse e-mail est …
❷ 번역 당신의 생년월일이 어떻게 되세요?
   대답 Ma date de naissance est le 일 월 년.
❸ 번역 당신이 좋아하는 책은 무엇인가요?
   대답 Mes livres préférés sont …

Leçon 09

연습문제 1

❶ Ferme la porte.
❷ Finis ton travail.
❸ Réveille-toi.
❹ Reposez-vous bien.
❺ Ayez une pensée positive.

연습문제 2

❶ Ne fume pas.
❷ Ne parle pas trop vite.
❸ Ne fais pas comme moi.
❹ Ne va pas te coucher trop tard.
❺ Ne soyez pas triste.

듣기

❶ Faites comme moi.
❷ Finissez votre travail.
❸ Soyez calme.

④ Ne mangez pas beaucoup de viande.

⑤ Répondez aux questions.

쓰기 1

① 반말 Parle lentement.

존댓말 Parlez lentement.

② 반말 Attends un instant.

존댓말 Attendez un instant.

③ 반말 Dépêche-toi.

존댓말 Dépêchez-vous.

쓰기 2

① 반말 Ne fume pas.

존댓말 Ne fumez pas.

② 반말 Ne mange pas beaucoup.

존댓말 Ne mangez pas beaucoup.

③ 반말 Ne sois pas triste.

존댓말 Ne soyez pas triste.

말하기

① Mange beaucoup de légumes!

② Évite le café le soir!

③ Fais du sport pour la santé!

④ Ne va pas te coucher trop tard!

⑤ Sois heureux!

Leçon 10

연습문제 1

① 직접   ② 간접

③ 간접   ④ 직접

⑤ 직접

연습문제 2

① le   ② les

③ lui   ④ la

⑤ lui

듣기

① Je te répète.

② Je vais te rappeler plus tard.

③ Pouvez-vous m'aider?

④ Je ne les connais pas.

⑤ Ne me regarde pas.

쓰기 1

① Aide-moi.   ② Parle-nous.

③ Appelle-moi.   ④ Essayez-les.

⑤ Demandez-lui.

쓰기 2

① Je ne le connais pas.

② Tu ne me déranges pas.

③ Je ne veux pas le voir.

④ Je ne peux pas vous aider.

⑤ On ne doit pas lui parler.

말하기

① 번역 친구들을 자주 만나세요?

대답 Oui, je les vois souvent. /

Non, je ne les vois pas souvent.

② 번역 동물을 좋아하세요?

대답 Oui, je les aime beaucoup. /

Non, je ne les aime pas.

③ 번역 부모님께 일주일에 몇 번 전화드려요?

대답 Je leur téléphone trois fois par

semaine.

④ 번역 친구에게 생일 선물로 어떤 것을 줘요?
  대답 Je leur offre des livres. /
     Je leur achète des livres.
⑤ 번역 루브르 박물관을 관광하길 원해요?
  대답 Oui, je veux le visiter. /
     Non, je ne veux pas le visiter.

Leçon
11

연습문제 1

① Nous allons arriver à l'heure.
② Ils vont partir au Viêt-Nam.
③ Je vais avoir vingt ans.
④ Je vais me coucher à minuit.
⑤ Qu'est-ce que vous allez faire?

연습문제 2

① irai   ② fera
③ partirai   ④ ira
⑤ serai / serai

듣기

① Allez, vite, vite! **Le train va partir bientôt!**
② Dépêche-toi. **Le film va commencer!**
③ L'été prochain, **nous partirons** en Corée du Sud.
④ Désolé, je suis occupé maintenant. **Je vais te rappeler** dans une heure.
⑤ Cette année, **il fera** beaucoup plus chaud que l'année dernière.

쓰기 1

① Je suis fatigué(e). Je vais me reposer à la maison.
② J'ai sommeil. Je vais dormir. /
   J'ai sommeil. Je vais me coucher.
③ Il va pleuvoir ce soir.

쓰기 2

① S'il fait beau demain, je sortirai.
② Quand je serai grand(e), je serai acteur (actrice).
③ L'année prochaine, j'irai à Paris.

말하기

① 번역 올해 어디로 휴가를 갈 거예요?
  대답 Je partirai en Chine.
② 번역 거기에 누구와 같이 갈 거예요?
  대답 Je partirai avec ma famille.
③ 번역 거기에서 며칠을 보낼 거예요?
  대답 Je passerai trois jours.
④ 번역 거기에서 무엇을 관광할 거예요?
  대답 Je visiterai des marchés et des palais.
⑤ 번역 거기에서 뭘 먹을 거예요?
  대답 Je mangerai beaucoup de plats traditionnels.

Leçon 12

연습문제 1

1 J'ai visité le musée du Louvre.
2 J'ai fini mon travail.
3 J'ai pris mon petit-déjeuner à 8 heures.
4 J'ai appris le français.
5 Tu as vu ce film.
6 Il est parti en voyage d'affaires.
7 Nous avons fait du vélo.
8 Je suis allé(e) au concert.
9 Elle est née à Paris.
10 Je me suis couché(e) tard.

연습문제 2

1 Je n'ai pas mangé.
2 Tu n'as pas fini.
3 Vous n'avez pas compris.
4 Elles ne sont pas arrivées.
5 Il ne s'est pas levé.

듣기

L'année dernière, **j'ai passé mes vacances** à Paris. **Je suis resté** une semaine là-bas. **J'ai visité** beaucoup de monuments célèbres à Paris. **J'ai beaucoup aimé** le musée du Louvre et le musée d'Orsay. **Je me suis promené** dans le parc des Tuileries. Et **je suis allé** à Versailles pour visiter le château. Malheureusement, ce jour-là, **il a plu** le matin et l'après-midi. Ensuite, **j'ai mangé** dans un bon restaurant. Le dernier jour, **j'ai fait du shopping et j'ai acheté** des cadeaux pour ma famille et mes amis. **J'ai beaucoup aimé** cette ville.

쓰기

1 J'ai mangé un croissant au petit-déjeuner.
2 Je suis déjà allé(e) en France.
3 J'ai appris le français pendant un an.
4 Je me suis levé(e) tard ce matin.
5 Je suis né(e) le premier décembre.

말하기

1 번역 어디에서 태어났어요?
   대답 Je suis né(e) à Séoul.
2 번역 언제 태어났어요?
   대답 Je suis né(e) le 일 월 년.
3 번역 프랑스어를 어디에서 배웠어요?
   대답 J'ai appris le français à l'université.
4 번역 프랑스에 가본 적 있어요?
   대답 Oui, je suis déjà allé(e) en France. /
        Non, je ne suis pas allé(e) en France.
5 번역 지난 주말에 뭐 했어요?
   대답 Je suis allé(e) au cinéma.

Leçon 13

연습문제 1

1 fumais
2 étais / étais
3 avais / était
4 se levait
5 partait

연습문제 2

1 étais / habitais
2 suis arrivé(e) / était

③ avons rencontré / portait

④ est sorti

⑤ a fait / était

듣기

① Où habitais-tu quand **tu avais** 10 ans?

② Avant, **j'allais** souvent au cinéma.

③ L'année dernière, **je suis allé** à Marseille. **Il faisait** très beau.

④ Quand **j'étais** petit, **j'avais** un chat très mignon.

⑤ Avant, **j'aimais** beaucoup les films d'action.

쓰기

① Avant, je fumais.

② J'allais au cinéma tous les week-ends.

③ En 2000, j'avais dix ans.

④ Je faisais du vélo tous les jours.

⑤ Quand j'étais petit(e), j'étais curieux (curieuse).

말하기

① 번역 어렸을 때 어땠어요?

대답 J'étais curieux. J'étais calme.

② 번역 책 읽는 것을 좋아했어요?

대답 Oui, j'aimais beaucoup lire.

③ 번역 반려동물이 있었어요?

대답 Oui, j'avais un chat. / Non, je n'avais pas d'animal de compagnie.

④ 번역 어디에 살았어요?

대답 J'habitais à Séoul.

⑤ 번역 조부모님과 많은 시간을 보내곤 했어요?

대답 Oui, je passais beaucoup de temps aves mes grands-parents. / Non, je

ne passais pas beaucoup de temps avec mes grands-parents.

Leçon
14

연습문제 1

① à

② pendant

③ en

④ après

⑤ pour

연습문제 2

① de

② sur

③ pour

④ par

⑤ chez

듣기

① Le musée ouvert **du mardi au vendredi, de 10 heures à 18 heures**.

② Je vais payer **en liquide**.

③ C'est quoi **le mot de passe**?

④ Tu veux **venir avec moi**?

⑤ Il y a **beaucoup de choses à voir** à Séoul.

쓰기

① Je travaille de 9 heures à 18 heures.

② Je suis en vacances de lundi à vendredi.

③ Je suis en vacances du premier au cinq janvier.

④ J'ai appris le français pendant cinq ans.

⑤ J'habite à Paris depuis deux mille quinze.

말하기

① 번역 몇 시부터 몇 시까지 일해요?

대답 Je travaille de neuf heures à dix huit heures.

② 번역 얼마 전부터 프랑스어를 배우고 있어요?

대답 J'apprends le français depuis trois mois.

③ 번역 자정 이전에 자요 아니면 자정 이후에 자요?

대답 Je me couche avant minuit.

④ 번역 한 달에 몇 번 패스트푸드점에서 식사를 해요?

대답 Je mange au fast-food deux ou trois fois par mois.

⑤ 번역 몇 년도에 태어났어요?

대답 Je suis né(e) en 연도.

Leçon
15

연습문제 1

① la   ② des
③ les   ④ le
⑤ une

연습문제 2

① la   ② la
③ du   ④ le
⑤ de l'

듣기

① J'ai rencontré ma petite copine **aux États-Unis**.

② J'ai dit bonjour **aux enfants**.

③ Je cherche **un petit appartement** à Paris.

④ On offre **des fleurs** à nos mamans pour **la fête des Mères**.

⑤ Les Français mangent un morceau de baguette avec **du beurre et de la confiture**.

쓰기 1

① Je bois du café tous les matins. J'aime beaucoup le café.

② Je bois souvent du vin. J'aime surtout le vin rouge.

③ Je mange souvent de la viande. J'aime surtout le poulet.

쓰기 2

① Tokyo est la capitale du Japon. J'habite au Japon.

② Washington est la capitale des États-Unis. J'habite aux États-Unis.

③ Quelle est l'adresse de l'hôtel?

말하기

① 번역 산보다 바다를 더 좋아해요?

대답 Je préfère la mer. / Je préfère la montagne.

② 번역 어느 국가에서 살고 싶어요?

대답 Je veux habiter en Suisse.

③ 번역 육류를 자주 먹어요?

대답 Oui, je mange souvent de la viande. / Non, je ne mange pas souvent de viande.

④ 번역 어떤 음료와 같이 식사를 해요?

대답 Je prends mon repas avec de l'eau.

⑤ 번역 보통, 아침식사로 뭘 먹어요?

대답 Je mange un croissant avec du lait.

연습문제

① y   ② en   ③ y   ④ en

⑤ y   ⑥ en   ⑦ en   ⑧ en

⑨ y   ⑩ en

듣기

① A Vous avez de la fièvre?

   B Oui, je crois que **j'en ai un peu**.

② A Tu veux du chocolat?

   B Oui, **j'en veux bien**.

③ A Tu es allé chez le médecin hier?

   B Non, **je vais y aller** cet après-midi.

④ A Vous allez souvent à la mer?

   B Oui, **on y va** tous les étés.

⑤ A Tu es resté combien de jours à Londres?

   B **J'y suis resté** deux semaines.

쓰기

① Je n'en ai pas.

② Tu n'en manges pas.

③ Je n'y vais pas.

④ On ne veut pas y aller.

⑤ Elle n'en a pas acheté.

말하기

① Oui, j'y habite.

   / Non, je n'y habite pas.

② Oui, j'y vais souvent.

   / Non, je n'y vais pas souvent.

③ Oui, j'en ai un.

   / Non, je n'en ai pas.

④ Oui, j'en mange beaucoup.

   / Non, je n'en mange pas beaucoup.

⑤ Oui, je veux y aller.

   / Non, je ne veux pas y aller.

연습문제

① Ce n'est pas un livre de grammaire.

② Il n'y a pas de parking gratuit dans ce quartier.

③ Tu n'aimes pas les plats chinois.

④ Il n'y a personne dans la maison.

⑤ Je ne suis plus à Paris.

⑥ Elle n'est jamais en retard.

⑦ Je ne fais rien.

⑧ Je ne parle ni espagnol ni italien.

⑨ Elle n'a que vingt ans.

⑩ Vous n'avez pas encore vu le film.

듣기

① Je ne connais personne ici.

② Je n'ai rien mangé.

③ Je ne veux plus travailler.

④ Elle n'est pas encore partie.

⑤ Vous n'êtes jamais allé en Espagne.

쓰기

① Je n'aime pas la viande.

② Je n'ai pas de petit ami (= petit copain).

③ Je n'ai pas encore dîné.

④ Je n'ai pas encore vu le film.

⑤ Je ne comprends rien.

말하기

① 번역 프랑스어를 사용하는 친구들이 있어요?

　대답 Non, je n'ai pas d'amis francophones.

② 번역 여기 근처에 마트가 있어요?

　대답 Non, il n'y a pas de supermarché près d'ici.

③ 번역 중국어와 일본어를 하세요?

　대답 Non, je ne parle ni chinois ni japonais.

④ 번역 오늘 아침에 뭘 좀 먹었어요?

　대답 Non, je n'ai rien mangé.

⑤ 번역 프랑스 영화 <아멜리에>를 봤어요?

　대답 Non, je n'ai pas encore vu. / Non, je n'ai jamais vu.

Leçon 18

연습문제

① qui ② que ③ que ④ où

⑤ que ⑥ dont ⑦ qui ⑧ où

⑨ qui ⑩ qui

듣기

① Je ne comprends pas **ce que tu fais**.

② Dis-moi **ce que tu veux**.

③ Où est le gâteau **que j'ai acheté**?

④ J'ai rencontré une fille **qui s'appelle** Céline.

⑤ C'est la personne **dont je vous ai parlé**.

쓰기

① C'est le film coréen qui est sorti en 2020.

② C'est le livre de français dont j'ai besoin pour mon cours.

③ C'est la femme française qui m'aime.

④ Je lis le livre que mon copain m'a acheté.

⑤ C'est l'homme que j'ai rencontré hier.

말하기

① J'ai un ami qui parle bien coréen.

② J'ai vu le film dont tu m'as parlé.

③ C'est la ville où je suis né(e).

④ Il y a beaucoup de gens qui partent en vacances.

⑤ Dites-moi ce que tu veux.

Leçon 19

연습문제 1

① voudrais ② pourrais

③ aimerait ④ prendrais

⑤ devriez

연습문제 2

① Je prendrais un café, s'il vous plaît.

② Elle aimerait apprendre le coréen.

③ Tu devrais prendre un taxi pour aller au travail.

④ On voudrait rencontrer le directeur.

⑤ Vous pourriez m'aider?

듣기

① **Je pourrais avoir** une baguette?

❷ **Vous devriez faire** plus attention.

❸ **Pourriez-vous fermer** la porte?

❹ **Nous voudrions réserver** une table pour demain soir.

❺ **Je prendrais** une salade de fruits comme entrée.

쓰기

❶ Tu devrais te reposer à la maison.

❷ Il fait froid dehors. Tu devrais mettre un manteau (= ton manteau).

❸ Je pourrais utiliser cet ordinateur?

❹ Vous pourriez me parler en coréen?

❺ Je voudrais améliorer mon français.

말하기 1

❶ Pourriez-vous m'aider?

❷ J'aimerais te voir.

❸ Tu devrais travailler plus.

말하기 2

❶ Si j'avais beaucoup d'argent, je voyagerais dans le monde.

❷ Si j'étais une couleur, je serais le vert.

❸ Si j'étais un animal, je serais un chat.

Leçon
20

연습문제 1

❶ Le dîner est préparé.

❷ La tablette est utilisée.

❸ Le tabac est interdit.

연습문제 2

❶ Le dîner a été préparé.

❷ La tablette a été utilisée.

❸ Le tabac a été interdit.

연습문제 3

❶ Le dîner sera préparé.

❷ La tablette sera utilisée.

❸ Le tabac sera interdit.

듣기

❶ Le train numéro 676 à destination de Nice **est annoncé** avec un retard de 20 minutes.

❷ Le musée de Picasso **est ouvert** tous les jours sauf le lundi.

❸ Le français **est parlé** dans de nombreux pays.

❹ Les habitants de Lyon **sont appelés** lyonnais.

❺ Le Petit Prince **a été écrit** par Saint-Exupéry.

쓰기 1

❶ Le musée est fermé tous les lundis.

❷ Le parc est ouvert de 8 heures à 20 heure.

❸ Cette place est déjà réservée.

쓰기 2

❶ Le cours de français a été annulé.

❷ Ma voiture a été vendue.

❸ Mon passeport a été perdu.

❶ Le concert a été annulé.

❷ Le français est parlé dans 29 pays.

❸ Le smartphone est beaucoup utilisé dans notre vie.

❹ Le restaurant est ouvert du lundi au samedi.

❺ Le livre a été écrit dans le monde.

출판사, 저자, 강사, 독자가 공존하기 위한 문예림 정책

평등한 기회와 공정한 정책으로

올바른 출판문화를 이끌도록 하겠습니다.

저 자

1 도서의 판매부수에 따라 인세를 정산하지 않습니다.

우리는 도서 판매여부와 관계없이 초판, 증쇄 발행 후 30일 이내 일괄 지급합니다. 보다 좋은 콘텐츠 연구에 집중해주십시오. 판매보고는 반기별로, 중쇄 계획은 인쇄 60일 전 안내합니다.

2 도서 계약은 매절로 진행하지 않습니다.

매절계약은 불합리한 계약방식입니다. 이러한 방식은 저자들의 집필 의욕을 저해시키며, 결국에는 생존력 짧은 도서로 전락하고 맙니다.

3 판매량을 기준으로 절판하지 않습니다.

판매량에 따라 지속 판매 여부를 결정하지 않으며 전문성, 영속성, 희소성을 기준으로 합니다.

강 사

1 동영상강의 콘텐츠 계약은 매절로 진행하지 않습니다.

우리는 강사님의 소중한 강의를 일괄 취득하는 행위는 하지 않으며, 반기별 판매보고 후 정산합니다.

2 유료 동영상강의 인세는 콘텐츠 순 매출액의 20%를 지급합니다.(자사 사이트 기준)

우리는 가르침의 의미를 소중히 알며, 강사와 공존을 위하여 업계 최고 조건으로 진행합니다.

3 판매량에 따라 동영상강의 서비스를 중단하지 않습니다.

판매량에 따라 서비스 제공 여부를 결정하지 않으며 지속가능한 의미가 있다면 유지합니다. 전문성, 영속성, 희소성을 기준으로 합니다.

독자 및 학습자

1 도서는 제작부수에 따라 정가를 정합니다.

적절한 정가는 저자가 지속적인 연구할 수 있는 기반이 되며, 이를 통해 독자와 학습자에게 전문성 있는 다양한 콘텐츠로 보답할 것입니다.

2 도서 관련 음원(MP3)은 회원가입 없이 무료제공됩니다.

원어민 음원은 어학학습에 반드시 필요한 부분으로 아무런 제약 없이 자유롭게 제공합니다. 회원가입을 하시면 보다 많은 서비스와 정보를 얻으실 수 있습니다.

3 모든 콘텐츠는 책을 기반으로 합니다.

우리의 모든 콘텐츠는 책에서부터 시작합니다. 필요한 언어를 보다 다양한 콘텐츠로 제공하도록 하겠습니다.

Vivre, c'est avant tout agir, agir sans compter pour le plaisir d'agir.

Emile Durkheim

ARCTIC OCEAN

Canada

NORTH PACIFIC
OCEAN

NORTH ATLANTIC
OCEAN

SOUTH PACIFIC
OCEAN

SOUTH ATLANT
OCEAN

언어평등은 누구나 평등하고 자유롭게 전 세계 모든 언어를
학습할 수 있도록 여러분과 함께 할 것입니다.

프랑스어는 로망스어군에 속하는 언어이다. 프랑스어는 프랑스와 벨기에, 스위스,
캐나다, 그 외에도 아프리카 등지의 공용어이며, 유엔에서는 영어와 함께 가장 많이
쓰이는 언어이기도 하다. 전 세계 약 2억 6,300만 명이 프랑스어를 쓰고 약 7,500만
명이 모국어로 사용하고 있다.

ARCTIC OCEAN

Belgium

France

zerland

NORTH PACIFIC
OCEAN

Cameroon

Congo

INDIAN OCEAN

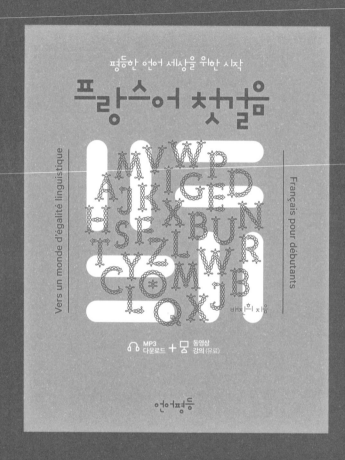